Wild

Klassische und neue Rezepte aus der Natur

EDITION XXL

Inhaltsverzeichnis

Wenn der Mann auf die Jagd geht, hängt der Haussegen schnell schief: Wie soll Frau die „fette Beute" nur geschmackvoll und abwechslungsreich auf den Tisch bringen?

So viel zum Klischee! Allerdings begleitet in der Tat nichts die Menschen so lange wie die Lust am Jagen. Besonders bei Männern ist dieser Naturinstinkt sehr ausgeprägt, da sie den Erhalt der Familie stets vor Augen haben.

Erfreulicherweise ist der Wildgenuss heutzutage nicht nur den Jägern und seinen Anhängern vergönnt, denn schließlich kommt nicht jede Jagdbeute direkt aus der Natur auf den Tisch, sondern findet auch über den Umweg Tiefkühltruhe, Metzgerei oder gar Spezialfachgeschäft (Comestibles) ihren Weg in die heimische Küche. Die Jagdsaison beginnt traditionell im Herbst, einige Schonzeiten enden zwar schon früher, aber am schmackhaftesten ist frisch gejagtes Wild im Herbst. Das Jagdgesetz regelt die einzelnen Schusszeiten der Wildarten und legt den Unterschied zwischen weiblichen und männlichen Tieren fest.

Neben Wildart, Alter und Teil kommt es letzten Endes auf die Zubereitung an, damit sich der feine Geschmack des Wildes voll entfalten kann. Diese Sammlung altbewährter, aber auch moderner Rezepte ist eine wertvolle Fundgrube, um schmackhafte Gerichte vom Wildbret (= Fleisch vom geschossenen Wild) auf den Tisch zu bekommen.

Ihre
Elisabeth Bangert

Ratgeber

Würzmittel

Aufgrund seines sehr ausgeprägten Geschmacks harmoniert Wildbret am besten mit kräftigen Gewürzen wie Salbei, Thymian, Rosmarin, Lorbeer, Wacholder, Koriander, Piment und Pfeffer. Mit Wildfrüchten wie Heidelbeeren, Preiselbeeren, Hagebutten oder Eberesche lässt es sich zusätzlich noch verfeinern.

Beilagen und Zutaten zum Verfeinern

Blaukraut, Maronen, Preiselbeeren und Birnen werden traditionell als Beilagen zu Wildgerichten gereicht. Außerdem passen dazu: Spätzle, Nudeln, Reis und Kartoffeln in jeglicher Form wie z. B. Knödel, Rösti, Kroketten, Pellkartoffeln, Salzkartoffeln, Pommes frites, Gratin, Salat oder Kartoffelpüree. Rotwein oder Weinbrand sorgen für delikaten Geschmack, Orangen- oder Traubensoßen für eine fruchtig-aromatische Note.

Soßen

■ **Braune Soße:** Gehackte Knochen, Fleischstücke, Sehnen und Haut in heißem Fett kräftig anbraten. Nach 5–10 Minuten geputzte, klein geschnittene Zwiebeln, Karotten, Knollensellerie und Petersilienwurzel hinzufügen und alles nochmal rösten. 5 Minuten später etwas Tomatenmark einrühren und etwas Mehl darüberstäuben. Nach kräftigem Durchrühren das Ganze so lange weiterrösten, bis es eine schöne Farbe angenommen hat. Zwischendurch kann man etwas Rotwein angießen und wieder einreduzieren lassen. Nach etwa 20 Minuten die Flüssigkeit angießen. Das kann eine fertige Brühe, vorgekochte Wildbrühe, Wasser, Rotwein oder verdünnte Wildbeize sein. Jetzt würzen und die Soße bei mittlerer Hitze eine Stunde lang kochen, immer wieder umrühren, damit sich die Soße nicht am Topfboden festsetzt. Wird die Soße zu dick, gießt man etwas Flüssigkeit an. Die fertige Soße durch ein Sieb passieren. Diese Grundsoße für Braten und Schmorgerichte wird durch Verfeinern mit Sahne, Crème fraîche oder Sauerrahm zu einer idealen Wildsoße.

Wildfond vom Reh

Zutaten:

Knochen vom Wild mit Fleischresten
1–2 EL Bratfett
½ Bund Suppengemüse
2 Lorbeerblätter
3 Wacholderbeeren
5 Pimentkörner
1 Zweig Thymian
1 Zweig Rosmarin
1 EL Tomatenmark
500 ml Rotwein
500 ml Wasser oder Gemüsebrühe

Zubereitung:

1. Suppengemüse putzen und in kleine Würfel schneiden.

2. Das Bratfett in einem großen Topf erhitzen. Die Knochen mit den Fleischresten hineingeben und scharf anbraten.

3. Suppengemüse und Kräuter hinzufügen und bei kleiner Flamme ebenfalls anbraten. Gelegentlich mit einem Holzlöffel rühren.

4. Tomatenmark hinzufügen und mit dem Rotwein und dem Wasser oder der Brühe ablöschen. Ca. 2 Stunden bei kleinster Flamme und ohne Deckel köcheln lassen.

5. Den Fond durch ein Sieb abgießen.

Der Fond dient als Grundlage für Suppen und Soßen.

■ **Schmorsoße:** Statt der Knochen, Sehnen usw. wird hier ein Stück Fleisch, das für den späteren Verzehr bestimmt ist, verwendet. Es wird gespickt oder mit Speckscheiben belegt und im Bräter in Butterschmalz angebraten. Das Gemüse dazugeben, kurz mitschwitzen lassen, das Tomatenmark einrühren und das Ganze mit Mehl bestäuben. Rotwein oder Brühe angießen, würzen und den Bräter zudecken. Anschließend das Fleisch bei mittlerer Hitze schmoren. Nach dem Ende der Garzeit das Fleisch herausnehmen und warm stellen. Die Soße durch ein feines Sieb passieren, wieder erhitzen und mit Crème fraîche, Sahne, Früchten, Pilzen oder Gemüse verfeinern.

■ **Helle Soße:** Zu dunklem Fleisch wie dem von Wildbret werden normalerweise auch dunkle Soßen gereicht. Darum sind helle Soßen in der Wildküche eher selten zu finden, aber zu manchen Gerichten passen sie durchaus. Als Basis für viele helle Soßen wird eine Mehlschwitze gemacht und mit Flüssigkeit aufgefüllt. Haben Sie schon eine Grundbrühe (vom Kochen eines Fleisch- oder Geflügelstückes), wird sie passiert, mit Essig, Weißwein, Milch oder Sahne verfeinert und mit Mehlbutter gebunden. Dazu die Butter zerlassen, das Mehl einrühren und in die kalte Grundbrühe rühren (für 500 ml Flüssigkeit braucht man: 30–40 g Butter und 40–50 g Mehl).

Wildbret

Die Lebens- und Ernährungsgewohnheiten von Wildtieren sorgen bei Wildbret immer für einen besonderen, „wilden" Geschmack. Es gibt aber auch noch andere Unterschiede zu Rind- oder Schweinefleisch: Wildfleisch ist viel fettärmer (das magerste ist das Fleisch der Rehkeule mit nur 1 g Fett pro 100 g Gewicht). Außerdem enthält es unter anderem viel wertvolles tierisches Eiweiß, Eisen, Phosphor, Zink und Vitamin B_2.

Begrifflichkeiten

■ **Tranchieren:** Das fachgerechte, der Anatomie eines Schlachttieres angepasste Zerlegen und Zerschneiden von Fleisch und Geflügel in serviergerechte Teile. Man benötigt dazu ein Holzbrett, ein Tranchiermesser und eine Tranchiergabel. Man zieht das Messer nur leicht durch den Braten, damit kein Fleischsaft beim Schneiden austritt und die Schnittkante schön glatt wird.

■ **Binden (Bridieren):** Soll Wildgeflügel beim Braten eine bestimmte Form behalten, muss es richtig zusammengebunden werden, um empfindliche abstehende Teile wie z. B. die Flügel vor dem Verbrennen zu schützen. Einfach ein Stück Küchenfaden durch eine Küchennadel fädeln, das Geflügel auf den Rücken legen und die Schnur durch die unteren Beinmuskeln ziehen. Anschließend das Geflügel auf die Brust drehen, den Faden durch die Flügel, die Brust und die Halshaut ziehen und die Schnurenden fest verbinden.

■ **Zerteilen:** Brust, Flügel und Schenkel haben eine unterschiedliche Garzeit, weshalb sie gerne getrennt voneinander zubereitet werden. Dazu muss das Geflügel vorher zerteilt werden: Zuerst die beiden Keulen von der Karkasse abtrennen, dann die Flügel abschneiden und zum Schluss die Brustfilets herauslösen. Wer die Karkasse und die restlichen Knochen grob hackt, kann sie zur Herstellung von Wildsoßen verwenden.

■ **Bardieren:** Damit die zarte Brust von Wildgeflügel nicht verbrennt oder verkrustet, wird sie mit Speck belegt (der Speck muss die ganze Brust abdecken). Den Speck mit Küchenschnur festbinden und fein einritzen. So bekommt die Brust eine schöne Farbe.

■ **Spicken:** Damit vor allem mageres Wildbret wie Kaninchen nicht trocken wird, muss man für die notwendige Fettzufuhr sorgen, z. B. durch das so genannte „Spicken". Dazu steckt man fetten, in Streifen geschnittenen Speck mit einer Spicknadel gleichmäßig in Faserrichtung in das Fleisch. So verhindert man das Austrocknen und das Fleisch bekommt noch mehr Aroma.

Vorbereitung

Lose hängende Hautstücke schneidet man grundsätzlich ab. Bei großen Braten kann man die feste, bläulich schimmernde Haut dranlassen, bei Stücken zum Kurzbraten wie z. B. Schnitzeln oder Koteletts muss sie gründlich abgezogen werden.

■ Rücken vorbereiten

Das feinste Stück vom Wild ist der Rücken. Beim Zurichten von Schalenwildarten gibt es keine großen Unterschiede. Als Erstes die letzten Halswirbel abtrennen, dann mit einer Aufbrechzange oder einer stabilen Küchenschere die Rippenknochen auf die Breite der Rückenfilets kürzen. Als Nächstes werden die lockeren Häute und das Fettgewebe hochgehoben und mit einem scharfen Messer vorsichtig gelöst. Dabei sollten Sie darauf achten, dass sie an der bläulichsilbrigen Haut entlangfahren und diese nicht verletzen. Möchten Sie die Rückenfilets auslösen, muss die Sehnenhaut entfernt werden. Wird der Rücken aber im Ganzen gebraten, kann sie am Fleisch verbleiben.

■ Schulter auslösen

Die Schulter enthält drei verschiedene Knochen. Man entfernt alle drei Knochen, üblicherweise nur bei größerem Schalenwild. Bei den kleineren Tieren verbleiben Schulterknochen und Oberarmbein im Fleisch, lediglich die Haxe wird herausgelöst, da so das Fleisch zarter bleibt. Bevor Sie mit dem Auslösen beginnen, sollten Sie die Schulter von Blutresten säubern und das Fettgewebe sowie das sichtbare Fett entfernen. Die locker aufliegenden Häute werden abgezogen und abgeschnitten. Um mit dem Auslösen zu beginnen, legt man die Schulter mit der Unterseite nach oben hin und löst den Blattknochen oben und unten vom Fleisch, indem man zunächst das Fleisch vom Blattknochen abschabt, dann das Fleisch an der Unterkante des Blattknochens einschneidet und zum Schluss das Gelenk zwischen Unterarm- und Oberarmbein mit dem Messer durchtrennt. Nun löst man das Fleisch vom Oberarmbein, indem man entlang des Knochens einschneidet und diesen dann freilegt. Dann werden die Sehnen im Gelenk durchtrennt und das Oberarmbein mit einer Drehung aus dem Gelenk gelöst. Als Letztes folgt das Unterarmbein. Man legt es mit zwei Schnitten links und rechts davon frei und löst es anschließend aus.

■ Rehkeule entbeinen

Möchte man eine Rehkeule füllen (ca. 250 g Masse haben darin Platz), muss vorher der Oberschenkelknochen entfernt werden. Dabei geht man so vor:

1. Haben Sie die Keule direkt vom Jäger bekommen, müssen Sie eventuell zuerst den Beckenknochen/Schlossknochen entfernen und alle lockeren Häute abziehen.

2. Mit einem Ausbeinmesser den Gelenkkopf des Oberschenkelknochens gründlich freischaben. Dabei das Messer immer ganz eng am Knochen entlangführen, damit das Fleisch nicht verletzt wird.

3. Das Fleisch mit einer Hand etwas wegziehen und den Knochen mit dem Messer vorsichtig freilegen.

4. Den Knochen abspreizen und die Sehnen im Kniegelenk durchschneiden.

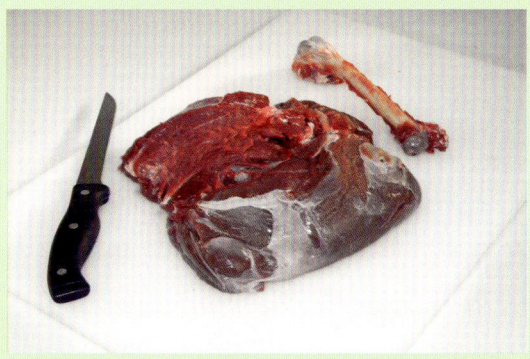

5. Den Knochen so lange drehen, bis er sich aus dem Gelenk löst, und herausziehen.

6. Jetzt kann die Keule gefüllt werden. Danach den unteren Fleischteil wieder hochklappen und die Keule mit Küchengarn wie einen Rollbraten zusammenbinden.

Zubereitung

Da für frisch erlegtes Wild nicht die üblichen strengen Richtlinien für Schlachtfleisch gelten, sollte Wildbret deswegen immer gut durchgebraten sein, d. h. im Inneren des Fleisches sollte mehrere Minuten lang eine Temperatur von 80° C geherrscht haben. Dann wurden eventuelle Krankheitserreger mit Sicherheit abgetötet.

■ **Schmoren:** Vor dem Schmoren wird das Fleisch gepfeffert, gesalzen und in heißem Fett rundherum angebraten. Dabei schließen sich die Zellen und das Brataroma entwickelt sich. Das Röstgemüse (ein Drittel Karottenwürfel, zwei Drittel grob gehackte Zwiebeln) mitrösten, mehrmals mit wenig Flüssigkeit ablöschen und reduzieren. Ist das Fleisch mit einer glänzenden braunen Schicht überzogen, kann es mit Flüssigkeit aufgefüllt werden. Große Fleischstücke schmort man halb zugedeckt im Ofen unter mehrmaligem Wenden, Wildragout und -pfeffer können unter gelegentlichem Umrühren auf dem Herd gegart werden. Zum Schmoren geeignet ist das Fleisch vom Hals, Blatt oder Bauch, wertvolle Fleischstücke wie z. B. der Rücken dagegen eignen sich nicht zum Schmoren, da sich ihr Geschmack erst beim Braten entfaltet.

■ **Braten:** Steaks werden zuerst gepfeffert und gesalzen. Fett wird in der Pfanne erhitzt, das Fleisch hineingelegt, sofort gewendet und unter mehrmaligem Wenden fertig gebraten. Rücken und Keulen werden mit Pfeffer und Salz eingerieben. Im Bräter erhitzt man das Fett, legt die Keule oder den Rücken auf eine der Fleischseiten und wendet das Stück, bis es komplett mit Fett überzogen ist. Anschließend unter Wenden und Begießen fertig braten. Der Rücken wird erst im letzten Drittel der Bratzeit auf die Knochenseite gelegt. Zum Schluss lässt man das fertig gebratene Fleisch auf einem Abtropfgitter ruhen.

■ **Beizen:** Der Geschmack des Fleisches wird durch Beizen oder Marinieren verfeinert, es wird zarter und dazu noch natürlich konserviert. Denn die Säuren hemmen das Bakterienwachstum. Man sollte junges Wild nicht beizen, da es rosa gebraten wird. Das Fleisch sollte immer komplett mit der Beize bedeckt sein, 3–6 Tage darin liegen gelassen und täglich gewendet werden. Wurde das Fleisch in Milch eingelegt, muss es vor dem Braten abgewaschen werden, da das Eiweiß in der anhaftenden Milch sonst beim Anbraten verbrennt. Für die Soßen-Zubereitung können die Beizen mitverwendet werden. Beizen aus Weißwein eignen sich für Wildgeflügel und Wild mit hellerem Fleisch, Rotwein- und Milchbeizen für Hirsch, Reh, Wildschwein und Hase.

Abhängen und Einfrieren

Man kühlt beim so genannten „Abhängen" das korrekt erlegte und sachgerecht versorgte Wild auf eine Körperinnentemperatur von 7° C ab. Um das zu erreichen hängt man es in einem Kühlraum mit einer konstanten Temperatur von 4–7° C auf. Im Gegensatz zu früher lässt man das Wildbret heute nur so lange abhängen, wie es unbedingt notwendig ist, und verarbeitet es möglichst frisch in der Küche.

Heute kann sich jeder ohne Probleme mit größeren Mengen an Wildbret eindecken. Dank der modernen Technik kann man Rot-, Dam-, Rehwild und Mufflon luftdicht verpackt in der Gefriertruhe bis zu 1 Jahr lang bei -18° C lagern. Schwarzwild, Wildenten und Wildgänse sollten nur ein halbes Jahr, Fasane weniger als 4 Monate gelagert werden. Ungespicktes Fleisch hält meistens länger als gespicktes, da bei gespicktem Fleisch der Speck ranzig werden kann. Soll das Wildbret eingefroren werden, muss es vorher nicht abhängen, weil beim Einfrieren die Muskelfasern bereits gesprengt werden und das Fleisch dadurch beim Garen besonders zart wird.

Wildbret	Richtzeit
Rotwild	6–8 Tage
Reh- und Gamswild	4–6 Tage
Kitze	4 Tage
Schwarzwild	4 Tage
Hasen und Federwild	4 Tage

Durch diese Reifezeit wird das Wildbret schmackhafter, saftiger und zarter.

Werkzeug

Ebenso wie die Qualität der Zutaten wichtig ist, um Wildgerichte optimal vor- und zuzubereiten, ist auch die der Werkzeuge von großer Bedeutung. Ein qualitativ hochwertiges Messer ist aus einem Stück geschmiedet, die Klinge ist sehr stabil und der Griff liegt optimal in der Hand. Zur Grundausstattung gehören:

- ■ ein Schälmesser mit gebogener Klinge
- ■ ein Ausbeinmesser
- ■ ein Tranchiermesser
- ■ ein Kochmesser
- ■ ein Tomatenmesser mit geriffelter Klinge
- ■ ein Gemüsemesser
- ■ ein Brotmesser
- ■ ein Wetzstahl, damit die Messer immer wieder geschärft werden können.

Haarwild

Alles, was ein Haarkleid trägt, zählt zum Haarwild. Eingeteilt wird es in:

1. Hirsche
2. Hornträger
3. Schwarzwild
4. Hasenartige

Hirsche

Wildarten, bei denen die männlichen Tiere ein sich jährlich erneuerndes Geweih tragen, gehören zu den Hirschen. Sie unterscheiden sich in Größe und Struktur des Fleisches. Kulinarisch geschätzt werden vor allem Kälber und einjährige Tiere. Die schmackhaftesten Teile sind der Rücken, der beim Hirsch in 2–3 Teile zerlegt wird, und die Keulen. Ältere Tiere sind nicht so zart und strenger im Geschmack.

■ Hirsch

Der Rothirsch ist der größte einheimische und eine der weltweit am weitesten verbreiteten Hirscharten.

Das Fleisch vom **Rücken** ist kernig und zart. Er kann im Ganzen, mit oder ohne Fettschicht gebraten werden. Als Alternative kann man die beiden Rückenfilets auslösen und im Ganzen im Ofen oder in der Pfanne braten. Quer zur Faser geschnitten, brät man sie kurz als Medaillons von beiden Seiten oder legt sie auf den Grill.

Neben dem Rücken zählt auch die **Keule** zum Feinsten, was der Hirsch zu bieten hat. Die Keule eines ausgewachsenen Rothirsches ist meist zu groß, um sie im Ganzen zuzubereiten, sie wird daher zerlegt. Wildbret vom Unterschenkel wird für Gulasch oder Ragouts verwendet.

Der **Hals** des Rothirsches kann im Ganzen geschmort werden. Löst man die Nackenwirbel aus, lässt er sich als Ragout oder als Rollbraten zubereiten.

Die **Schulter** von älterem Rotwild eignet sich, ausgelöst und in Teilstücke zerlegt, zum Schmoren, dient aber auch für Farcen. Schultern jüngerer Tiere können im Ganzen oder in Teilstücken gebraten werden.

Das von den **Rippen** gelöste Fleisch des **Rippenbogens** eignet sich gut für Gulasch, Ragouts oder Rollbraten. Aus den Knochen kocht man am besten einen würzigen Fond.

Die **Oberschale** eignet sich als Bratenstück. Die **Unterschale** wird im Ganzen gebraten oder zu Schnitzeln geschnitten kurz gebraten. Und auch die **Nuss** ist ein ausgezeichnetes Stück zum Braten im Ganzen, das aber auch zu Steaks geschnitten werden kann.

■ Reh

Rehe sind die kleinste und in der Küche am meisten verwertete Hirschart. Sie besitzen ein zartes Fleisch, das an sehr mageres Lammfleisch erinnert.

Aus den **Schultern**, **Rippenbogen** und **Bauchlappen** lassen sich Rollbraten, feine Terrinen oder Ragouts herstellen. Die Knochen liefern die Basis für einen Wildfond.

Beim Würzen sollte man vorsichtig sein, denn der feine Eigengeschmack sollte nicht übertönt werden. Besonders geeignet sind frische Kräuter wie Majoran, Thymian, Rosmarin, Wacholder und Salbei. Außerdem sind Wein, saure Sahne und Zitrone zum Abschmecken hervorragend. Bei Pfeffer, Paprika, Kümmel und Ähnlichem sollte man vorsichtig sein. Da der Geschmack dieser Gewürze zu eigenmächtig und dominant ist, sollte man sie nur in geringen Mengen verwenden.

Hornträger

Es gibt weit mehr als 100 verschiedene Tierarten, die der Familie der Hornträger angehören. Neben den Gämsen zählen dazu auch das Stein- und Muffelwild. Besonders geschätzt sind in der Küche Kitze und einjährige Tiere.

■ Gamswild

Gamsfleisch ist dunkel und sehr aromatisch, kann jedoch etwas fett (talgig) sein. Das Fleisch älterer Tiere wird häufig vor der Zubereitung in Beize eingelegt, da es oft zäh ist und etwas streng schmeckt. Der Hals eignet sich für aromatische Fonds und Suppen, seltener für Ragouts.

Die Schulter ergibt im Ganzen – mit dem Knochen – geschmort einen saftigen Braten oder entbeint ein Ragout. Auch eignet sie sich für Farcen oder Hack. Der Rücken kann mit Knochen im Ganzen gebraten werden. Werden die Rückenfilets ausgelöst, ergeben sie ebenfalls einen feinen Braten. Quer zur Faser in Medaillons geschnitten, eignen sie sich auch zum Kurzbraten in der Pfanne oder zum Grillen.

Die Keule wird aufgrund der Größe zum Braten oft entbeint und in ihre Teilstücke zerlegt. Aus ihnen lassen sich auch Steaks zum Kurzbraten schneiden. Die Haxe wird meist für Fonds verwendet.

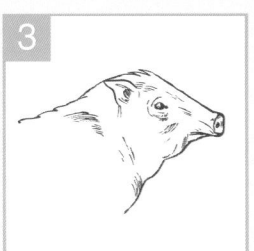

Schwarzwild

Das Schwarzwild hat sich in den letzten Jahren stark verbreitet. Schwarzwild muss nach der Jagd vom Veterinär immer auf Trichinen untersucht werden. Diese Fadenwürmer (Schmarotzer) befallen Fleisch fressende Säugetiere und auch den Menschen.

■ Wildschwein

Der Fettanteil des Wildschweins ist im Gegensatz zu anderem Wild höher, aber im Vergleich zum Hausschwein ist er dennoch niedriger und das Fleisch hat eine festere Struktur.

Man sollte auf alle Fälle darauf achten, dass das Wildschweinfleisch nicht unangenehm riecht, denn sollte das der Fall sein, so wurde das Wildschwein während der Paarungszeit (November bis Januar) erlegt. Dieser penetrante, geschlechtsspezifische Geruch macht das Fleisch ungenießbar.

Das Fleisch reinrassiger Wildschweine ist dunkelrot, aromatisch und saftig. Bei Kennern ist das Fleisch junger Tiere sehr begehrt, da es äußerst zart ist. Frischlinge und Überläufer, so nennt man die bis zu einjährigen Wildschweine, haben im Verhältnis zum Gewicht in der Regel einen hohen Wildbretanteil. Wie das Fleisch gegart werden soll, entscheidet auch das Alter des erlegten Wildschweines. Das Fleisch von über 5-jährigen Tieren sollte nicht mehr kurz gebraten, sondern geschmort werden.

Der Nacken, auch Träger genannt, wird wegen des kurzfaserigen, saftigen Fleisches als Braten oder Schmorbraten geschätzt, entbeint lässt er sich in Steaks zum Kurzbraten und Grillen schneiden. Wird er frisch verarbeitet, kann eine dünne Fettschicht am Fleisch bleiben.

Meist wird das Fleisch entlang des Rippenbogens von den Knochen gelöst. Geeignet ist dieses Teilstück für Ragouts oder Rollbraten.

Die ausgebeinte Schulter eignet sich zum Braten im Ganzen, aber auch für Ragouts, Gulasch oder Wildschweinhack. Aus den ausgelösten Knochen kocht man am besten einen kräftigen Wildfond.

Der Rücken wird entweder im Ganzen gebraten oder geschmort. Wird er wie ein T-Bone-Steak geschnitten, eignet er sich auch zum Kurzbraten und Grillen.

Das zarteste Fleisch beim Wildschwein ist das **Filet**. Die Filets werden von der Unterseite des Rückens abgelöst und eignen sich hervorragend zum Braten im Ganzen oder in Medaillons geschnitten, aber auch zum Pochieren und Dämpfen. Auch gepökelt und geräuchert sind die Filets eine Delikatesse.

Kleinere **Keulen** werden oft mit den Knochen im Ganzen gebraten, größere Keulen werden meist entbeint. Aus der entbeinten, parierten und in Form gebundenen Keule stammt auch der äußerst zarte und wohlschmeckende Wildschweinschinken. Aus der **Ober- und Unterschale** sowie der **Nuss** lassen sich Schnitzel und Steaks zum Braten oder Grillen schneiden.

Zum Schmoren oder für deftige Eintöpfe ist die **Haxe** gut geeignet. Aus den Haxen vom Wildschwein lässt sich auch, mit Gemüse und Gewürzen, ein kräftiger Wildfond zubereiten.

Die **Leber** wird meist gebraten, das **Herz** geschmort und zu Ragout verarbeitet. Die **Nieren** werden halbiert, 10 bis 30 Minuten gewässert und anschließend gebraten oder gedünstet.

Jungtiere bis 20 kg können im Ganzen gebraten oder gegrillt werden.

Ein junger Hirsch in freier Natur.

Hasenartige

Alle dieser Kategorie angehörigen Vertreter haben ein nagetierähnliches Gebiss, das bedeutet, dass die Eckzähne fehlen, aber ein zweites Paar Schneidezähne vorhanden ist. Die weiten Lücken zwischen den Schneide- und Backenzähnen sind auch sehr auffällig.

■ Hase
Als reiner Vegetarier äst der Hase Gräser, Kräuter, Grünland- und Getreidepflanzen, Rüben, Möhren, Maiskolben sowie junge Triebe und Rinde von Gehölzen. Der Geschmack des Hasenfleisches ändert sich je nachdem, wovon sich das Tier hauptsächlich ernährt. Beim Verzehr sollte man auf eventuell im Fleisch zurückgebliebene Schrotkugeln achten, weil auf der Hasenjagd meist mit Schrot geschossen wird.

Junge Tiere (ca. 8 Monate) haben Fleisch besserer Qualität, das eine intensive Rotfärbung aufweist. Das dunkelrote Fleisch älterer Tiere ist von schlechterer Qualität. Es wird zu Suppen und Pasteten verarbeitet und geschmort. Hasenfleisch hat einen ausgeprägten Eigengeschmack. Sichtbares Fett wird schnell ranzig und verdirbt den Geschmack, weshalb man es, übrigens auch beim Kaninchen, gründlich entfernen sollte.

Die besten Stücke vom Hasen sind **Rücken** und **Keule** (Schlegel). Kleine Hasen sollte man im Ganzen braten. Dabei den Rücken 30 Minuten mit Alufolie abdecken, um zu verhindern, dass das Fleisch austrocknet. Bei großen Hasen trennt man die Läufe und den Rücken, weil der Rücken schneller gar ist.

■ Wildkaninchen
Das deutlich kleinere und gedrungenere Wildkaninchen hat graues Fell und viel kürzere Hinterläufe und Ohren als der Feldhase. Das Wildkaninchen ernährt sich von verschiedenen Gräsern und Kräutern, Lupinen, reifem Getreide, Rüben, Möhren, jungen Saaten, Klee, Raps, Kartoffeln und nahezu allen Holzarten, bei denen Knospen und junge Triebe geäst sowie Rinde geschält wird.

Durch eine Beize lässt sich das zartrosafarbene Fleisch des Kaninchens mit seinem etwas süßlichen Geschmack verändern. Im Gegensatz zum Fleisch des Hasens hat das des Kaninchens eine geringere Garzeit. Aus diesem Grund sollte man das Fleisch mit Speck umwickeln oder spicken, damit es nicht austrocknet. Die jungen Kaninchen werden gebraten oder zu Frikassee verarbeitet, ältere werden geschmort oder für Suppen, Pasteten und Farcen verwendet.

Rehrücken-Filet
mit Walnuss-Kräuter-Kruste

Zutaten für 4 Personen:

600 g Rehrückenfilets
Salz, Pfeffer
1 EL Öl, 175 ml Wildfond (aus dem Glas)
125 ml Holunderbeersaft
3 gestrichene EL dunkler Soßenbinder,
z. B. von Mondamin
1 Prise Zucker, 40 g Walnüsse
1 Bund Thymian, 3 EL Semmelbrösel
4 TL Orangensenf
100 g Physalis, 2 TL Butter

Zubereitung:

1. Den Backofen auf 180° C (Umluft 160° C) vorheizen. Die Rehrückenfilets kalt abwaschen, mit Küchenpapier trocken tupfen, in vier Portionen teilen und mit Salz und Pfeffer würzen. Das Öl erhitzen, die Rehrückenfilets darin rundherum anbraten und aus der Pfanne nehmen.

2. Den Bratensatz mit dem Wildfond ablöschen. Den Holunderbeersaft hineinrühren und aufkochen. Den Soßenbinder einstreuen und unter Rühren 1 Minute kochen lassen. Mit Salz, Pfeffer und dem Zucker würzen.

3. Die Walnüsse hacken. Den Thymian waschen, trocken schütteln und die Blättchen von den Stielen zupfen. Ein paar Thymianstiele für die Garnierung zurückbehalten. Die Walnüsse mit den Semmelbröseln, den Thymianblättchen sowie dem Orangensenf vermengen.

4. Die Rehrückenfilets in eine Auflaufform legen. Die Walnuss-Thymian-Mischung daraufstreichen und andrücken. Im heißen Backofen ca. 12 Minuten garen. Anschließend aus dem Ofen nehmen und 5 Minuten ruhen lassen.

5. Die Hälfte der Physalis-Früchte von ihren Hüllen befreien, waschen und halbieren. Die Butter in einer kleinen Pfanne erhitzen und die Physalishälften kurz darin schwenken.

6. Den Bratensaft aus der Auflaufform zur Soße geben und unter Rühren kurz erhitzen. Die Rehrückenfilets zusammen mit der Soße und den Physalishälften anrichten. Die Teller mit den restlichen Physalis und Thymianzweigen garnieren.

Rehrücken
mit Kartoffel-Pfeffer-Kruste

Zubereitung:

1. Den Backofen auf 200° C (Umluft 180° C) vorheizen.

2. Den Rehrücken kalt abwaschen, mit Küchenpapier trocken tupfen, mit Salz und Pfeffer würzen und in einen Bräter legen.

3. Die Zwiebeln schälen, grob würfeln und dazugeben. Den Rehrücken im heißen Backofen 60–70 Minuten garen. Nach 10 Minuten Garzeit Wildfond und Rotwein dazugießen.

4. Den grob geschroteten Pfeffer in einer beschichteten Pfanne ohne Fett rösten. 200 g Reibekuchenteig mit dem gerösteten Pfeffer vermischen, auf den Rehrücken streichen, mit dem Öl bepinseln und weitere 10 Minuten garen.

5. Die Pilze mit einem Pilz- oder Kuchenpinsel säubern. Nicht waschen, da sie sich schnell mit Wasser vollsaugen und an Geschmack verlieren! Die Stielenden abschneiden, die Pilze vierteln und mit dem restlichen Reibekuchenteig vermischen. Getrocknete Pilze ca. 1 Stunde in wenig Wasser vorweichen. Den Teig zu Reibekuchen formen. Die Butter erhitzen und nacheinander goldbraune, knusprige Reibekuchen braten.

6. Den Rehrücken aus dem Ofen nehmen und warm stellen. Die Soße mit dem Johannisbeergelee verfeinern, nach Wunsch mit dunklem Soßenbinder andicken und mit Salz und Pfeffer abschmecken.

7. Den Rehrücken vom Knochen lösen, in Scheiben schneiden und mit der Soße und den Reibekuchen auf Tellern anrichten. Mit frischen Kräutern garniert servieren.

Zutaten für 4 Personen:

ca. 1400 g Rehrücken mit Knochen
Salz
Pfeffer, frisch gemahlen
8 kleine Zwiebeln
400 ml Wildfond (Glas)
100 ml Rotwein
1 TL grob geschroteter Pfeffer
1000 g Reibekuchenteig, z. B. Reibekuchen
„Rheinische Art" von Henglein

1 TL Pflanzenöl
200 g frische (oder 30–50 g
getrocknete) Steinpilze
3–4 TL Butter
2–3 EL Johannisbeergelee
evtl. dunkler Soßenbinder
frische Kräuter zum Garnieren

Rehrücken
mit Speck-Linsen-Soße

Zubereitung:

1. Den Backofen auf 150° C (Umluft 130° C) vorheizen. Das Rehrücken-filet kalt abwaschen, mit Küchen-papier trocken tupfen und mit Salz und Pfeffer einreiben. Die Pflanzen-creme in einem Bräter erhitzen und das Fleisch darin rundherum anbraten. Dann im heißen Backofen ca. 20 Minuten garen, herausnehmen und warm stellen.

2. Das Suppengrün putzen, waschen und klein schneiden. Die Speckwürfel in einem Topf knusprig braten und herausnehmen.

3. Den Zucker im Speckfett schmelzen, 600 ml Wasser dazugießen und auf-kochen. Das Suppengrün und die Linsen dazugeben. Alles zugedeckt bei mittlerer Hitze 30 Minuten kochen.

4. Den Päckcheninhalt der Bratensoße zum Suppengrün und den Linsen geben und verrühren. Bei schwacher Hitze ohne Deckel 1–2 Minuten ko-chen lassen. Die Speckwürfel hinzu-fügen und die Soße mit Balsamico-essig, Salz und Pfeffer abschmecken.

5. Den Thymian waschen, trocken schütteln, die Blätter abzupfen und hacken. Das Fleisch mit dem Senf bestreichen, in den Thymian-blättchen wälzen und in Scheiben schneiden. Zusammen mit der Soße servieren.

Tipp:
Dazu passen Speck-Knödel.

Zutaten für 6 Personen:

800 g Rehrückenfilet
Salz
Pfeffer, frisch gemahlen
2 EL Pflanzencreme,
z. B. von Rama Culinesse
½ Bund Suppengrün
80 g Speckwürfel

1–2 EL Zucker
60 g Linsen
1 Päckchen Bratensoße Extra,
z. B. von Knorr
2–3 EL Balsamicoessig
2 Bund Thymian
2 TL süßer Senf

Schweizer Rehmedaillons

Zutaten für 4 Personen:

8 Rehmedaillons (à 80 g, aus dem Rücken)
½ TL Knoblauchflocken
1 TL Wacholderbeeren
½ TL Estragon, gerebelt
100 ml trockener Rotwein
1 Spitzkohl
2 Zwiebeln, 4 EL Pflanzenöl
1 EL Zucker
200 ml Gemüsebrühe, 2 TL Wildgewürz
400 ml Wildfond (Glas)
100 g Hagebuttenmus
Salz, weißer Pfeffer, frisch gemahlen
evtl. dunkler Soßenbinder
½–1 TL Kümmel, z. B. von Fuchs

Zubereitung:

1. Die Rehmedaillons kalt abwaschen und mit Küchenpapier trocken tupfen. Die Knoblauchflocken, die leicht zerdrückten Wacholderbeeren, den Estragon und den Rotwein verrühren, die Rehmedaillons darin einlegen und kurze Zeit marinieren.

2. Den Spitzkohl in Blätter zerteilen, waschen und in grobe Stücke schneiden. Die Zwiebeln schälen und in Ringe schneiden. 2 EL Öl erhitzen, den Spitzkohl und die Zwiebeln darin anbraten, den Zucker darüberstreuen und leicht karamellisieren lassen.

3. Die Gemüsebrühe angießen und den Kohl zugedeckt 5–10 Minuten garen. Die Medaillons aus der Marinade nehmen, trocken tupfen und mit dem Wildgewürz bestreuen. Im restlichen erhitzten Öl von jeder Seite ca. 3 Minuten braten und warm stellen.

4. Die restliche Marinade durch ein Sieb gießen und mit dem Wildfond zu dem Bratenfond geben. Das Hagebuttenmus unterrühren, die Soße mit Salz und Pfeffer abschmecken und eventuell mit dunklem Soßenbinder eindicken.

5. Den Spitzkohl mit Salz, Pfeffer und Kümmel abschmecken und zu den Rehmedaillons und der Hagebuttensoße servieren.

Rehmedaillons mit Austernpilzen

Zutaten für 6 Personen:

12 Rehmedaillons (à ca. 80 g)
1 Dose Fuchs Austernpilze (= 30 g)
2 Schalotten
2 EL Butterschmalz
4 cl Portwein
400 ml Wildfond
3 EL Preiselbeerkompott oder -gelee
Salz, ca. ¼ TL weißer Pfeffer, gemahlen
2 Msp. Muskatnuss, gemahlen
½ TL Wildgewürz
evtl. dunkler Soßenbinder

Zubereitung:

1. Die Pilze nach Packungsanweisung einweichen. Die Schalotten abziehen, fein würfeln und in etwas erhitztem Butterschmalz andünsten, die Pilze dazugeben.

2. Den Portwein und den Fond angießen, die Soße etwas einkochen lassen, mit Preiselbeeren verfeinern und mit Salz, Pfeffer, Muskatnuss und etwas Wildgewürz abschmecken, eventuell mit dunklem Soßenbinder andicken.

3. Die Medaillons kalt abwaschen, mit Küchenpapier trocken tupfen, in dem restlichen erhitzten Butterschmalz ca. 2–3 Minuten von beiden Seiten braten, mit Salz und dem restlichen Wildgewürz würzen.

4. Die Medaillons und die Soße nach Wunsch mit kleinen Röstkartoffeln und Speckböhnchen servieren.

Zutaten für 6 Personen:

12 Rehmedaillons (à 80 g)
2 EL Pflanzenöl

Für die Marinade:
4 EL Pflanzenöl
150 ml Rotwein
½ TL grüne Pfefferkörner
½–1 TL Knoblauchflocken, z. B. von Fuchs
½ TL Salz

Für das Kartoffel-Kürbis-Püree:
20 g getrocknete Steinpilze
500 g mehligkochende Kartoffeln
300 g Kürbis, Salz
100 ml süße Sahne
2 Msp. Muskatnuss
1 EL Butter

Für die Soße:
100 ml Wildfond (oder Gemüsebrühe)
Salz, Pfeffer
evtl. dunkler Soßenbinder

Pfeffer-Reh

mit Kartoffel-Kürbis-Püree

Zubereitung:

1. Die Rehmedaillons kalt abwaschen und mit Küchenpapier trocken tupfen. Für die Marinade 4 EL Öl mit dem Rotwein verrühren, den grünen Pfeffer eventuell etwas zerstoßen und mit den Knoblauch-flocken und dem Salz dazugeben.

2. Die Rehmedaillons mindestens 1 Stunde in der Marinade einlegen.

3. Für das Püree die Steinpilze nach Packungsanweisung einweichen. Die Kartoffeln und den Kürbis schälen, die Kartoffeln waschen, den Kürbis entkernen, beides würfeln, in kochen-dem Salzwasser garen, abgießen und durch eine Kartoffelpresse drücken.

4. Die Sahne dazugeben und das Püree mit Salz und Muskatnuss abschmecken. Die Steinpilze ab-tropfen lassen und klein schneiden. Die Butter erhitzen, die Pilze darin schwenken, zum Püree geben und das Püree warm stellen.

5. Die Rehmedaillons aus der Marinade nehmen, mit Küchenpapier trocken tupfen, in 2 EL erhitztem Öl von beiden Seiten braten und ebenfalls warm stellen. Den Bratensatz mit der restlichen Marinade und dem Wildfond ablöschen und etwas ein-kochen lassen. Mit Salz und Pfeffer abschmecken und eventuell mit dunklem Soßenbinder eindicken.

6. Die Rehmedaillons mit der Soße und dem Püree servieren. Nach Wunsch mit frischen Kräutern und grünem, zerdrücktem Pfeffer garnieren.

Rehlendchen
mit Mandelkruste in Jus mit Brokkoli

Zutaten für 4 Personen:

600 g Rehlende (aus dem hinteren
Teil des Rückens)
Salz, Pfeffer

Für die Mandelkruste:
100 g Butter, Salz, Pfeffer
30 g gemahlene kalifornische Mandeln
20 g kalifornische Mandelblättchen
40 g grob geriebenes Weißbrot

Für die Jus:
1 TL Zucker, 800 g Rehknochen, klein gehackt
1 Zwiebel, 1 Karotte
1 kleines Stück Sellerie, in grobe Würfel geschnitten
250 ml Rotwein, 125 ml Portwein
2 EL Balsamicoessig
400 ml Wildfond (Fertigprodukt), 1 EL kalte Butter

Für die Polenta und das Gemüse:
250 ml Milch, 250 ml Wasser
80 g Polenta, Salz, Butter zum Braten
und schwenken
300 g Brokkoli, Muskat

Zubereitung:

1. Die Rehlende kalt abwaschen, mit Küchenpapier trocken tupfen, rundherum kurz scharf anbraten, auf ein Gitter legen, salzen und pfeffern. Danach im Ofen bei 130° C (Umluft 110° C) ca. 25 Minuten braten.

2. Für die Mandelkruste die Butter schaumig rühren, salzen und pfeffern. Die gemahlenen kalifornischen Mandeln und die Mandelblättchen zusammen mit dem Weißbrot unterziehen, zur Seite stellen.

3. Für die Soße den Zucker karamellisieren. Die Rehknochen und das Gemüse dazugeben und mit Rotwein, Portwein sowie Balsamicoessig ablöschen und völlig einkochen lassen. Anschließend den Wildfond angießen und auf die Hälfte reduzieren.

4. Die Soße passieren, aufkochen und die kalte Butter hineinrühren. Dann die Soße nicht mehr kochen lassen. Mit Salz und frisch gemahlenem Pfeffer abschmecken.

5. Für die Polenta die Milch und das Wasser mit dem Salz aufkochen, die Polenta zugeben und bei mittlerer Hitze unter ständigem Rühren ein paar Minuten köcheln lassen.

6. Die Masse auf ein mit Wasser abgespültes Blech gießen und auskühlen lassen. In Dreiecke schneiden und in Butter braten.

7. Den Brokkoli in Röschen teilen und in kochendem Salzwasser blanchieren. Danach in Butter schwenken und mit Muskat würzen.

8. Die Mandelmasse auf die Rehlende streichen und unter dem Grill hellbraun gratinieren.

Rehragout

Zutaten für 6 Personen:

800 g Rehfleisch (Brust oder Schulter)
1 Bund Suppengemüse
3 Zwiebeln, 1 Lorbeerblatt
2 Gewürznelken, 1 Knoblauchzehe
2 EL Keimöl
Salz, schwarzer Pfeffer
Paprika, edelsüß
1 TL Mehl
500 ml Wildfond aus dem Glas
1 EL Zitronensaft
1 EL Johannisbeergelee
2 EL saure Sahne

Zubereitung:

1. Das Fleisch kalt waschen, mit Küchenpapier trocken tupfen, von Häuten und Sehnen befreien und in ca. 2–3 cm große Würfel schneiden.

2. Das Suppengemüse putzen, waschen und klein schneiden. Die Zwiebeln schälen, 2 davon in kleine Würfel schneiden. Die dritte Zwiebel schälen und mit Lorbeerblatt und Nelken spicken. Den Knoblauch schälen und in sehr feine Würfel schneiden.

3. Das Keimöl in einem großen Topf erhitzen und die Zwiebelwürfel darin glasig anbraten. Anschließend das Fleisch darin braun anbraten. Mit Salz, Pfeffer und Paprika würzen und das Mehl darüberstäuben.

4. Den Wildfond, die gespickte Zwiebel und die Knoblauchwürfelchen hinzufügen. Den Topf mit einem Deckel schließen.

5. Das Ragout ca. 60 Minuten bei schwacher Hitze schmoren lassen. Zitronensaft, Johannisbeergelee und saure Sahne untermischen. Achtung: Verrühren Sie die saure Sahne zunächst mit etwas heißer Soße, da die Sahne sonst gerinnt. Die ganze Zwiebel herausnehmen.

6. Wem die Soße nun noch zu flüssig ist, geht folgendermaßen vor: In einem separaten Topf Mehl in zerlassener Butter leicht bräunen. Unter ständigem Rühren die Schmorflüssigkeit ohne Fleisch hinzufügen und die Soße kochen, bis die gewünschte Konsistenz erreicht ist. Anschließend das Fleisch wieder hinzufügen und nochmals abschmecken.

Tipp:

Dazu schmecken Nudeln.

Rehkeule
mit Balsamicosoße

Zubereitung:

1. Den Backofen auf 220° C (Umluft 200° C) vorheizen. Die Rehkeule kalt abwaschen, mit Küchenpapier trocken tupfen, salzen, ein wenig pfeffern und mit dem Rosmarin und dem Thymian einreiben. Den Braten binden.

2. Das Suppengemüse putzen, waschen, die Zwiebel schälen und alles in kleine Würfel schneiden.

3. Butterschmalz in einem großen Bräter erhitzen und die Rehkeule darin von allen Seiten kräftig anbraten. Das Suppengemüse und die Zwiebel hinzufügen, kurz mitbraten und anschließend den geschlossenen Bräter in den Backofen stellen. Wenn Sie über ein Bratenthermometer zum Messen der Kerntemperatur verfügen, stechen Sie dieses jetzt in der Mitte des Bratens hinein.

4. Nach ca. 15 Minuten den Wildfond angießen und die Lorbeerblätter sowie den Rosmarinzweig hinzugeben.

5. Den Balsamicoessig, Zucker und Honig zu einem dicklichen Karamell einkochen.

6. Nach weiteren 10 Minuten Bratzeit 200 ml Rotwein angießen und die Rehkeule von nun ab alle 10 Minuten mit der Balsamico-Mischung bestreichen. Nach weiteren 20 Minuten die Temperatur auf 100° C reduzieren und die Keule in ca. 1 Stunde fertig garen. Bei 80° C Kerntemperatur sind alle Keime abgetötet und das Fleisch ist schön saftig und zart.

7. Den Braten herausheben und zum Warmhalten in Alufolie wickeln. Den Rosmarinzweig und die Lorbeerblätter entfernen. Den Bratensaft durch ein Sieb in einen Topf passieren und mit der restlichen Balsamico-Mischung und der Stärke oder dem Soßenbinder aufkochen lassen. Zum Schluss die Sahne langsam einrühren und die Soße nicht mehr kochen lassen. Das Fleisch aufschneiden und mit der Soße servieren.

Tipp:
Dazu schmecken in Butter geschwenkte Bandnudeln.

Zutaten für 8 Personen:

ca. 1900 g ausgelöste Rehkeule
Salz, Pfeffer
Rosmarin, geschnitten
Thymian, gemahlen
1 Bund Suppengemüse
1 Zwiebel
400 ml Wildfond
2 EL Butterschmalz
3 Lorbeerblätter, 1 Rosmarinzweig
200 ml Rotwein

Für die Soße:

200 ml Balsamicoessig
30 g Zucker
60 g Honig
100 ml Rotwein
4 EL Speisestärke oder Soßenbinder
250 ml süße Sahne

Zutaten für 6–8 Personen:

1500 g ausgelöste Rehkeule
Salz, Pfeffer
1 Bund Suppengemüse
Butterschmalz, 100 ml Wildfond

Für die Füllung:
1 altbackenes Brötchen
250 ml Milch
80 g Pfifferlinge aus der Dose oder frisch
2 Frühlingszwiebeln, 1 EL Butterschmalz
50 g durchwachsener Speck
100 g Rehfleisch
1 Bund Petersilie
1 Ei
Salz, Pfeffer
Muskatnuss

Für den Serviettenknödel:
4–5 altbackene Brötchen
1 kleine Zwiebel
80 g Butter
375 ml Milch
4–5 Eier
1 Bund Petersilie, gehackt
Salz, Pfeffer
Muskatnuss
Geschirrhandtuch

Für die Soße:
200 ml Wildfond
100 ml Rotwein
1 EL Speisestärke
Zucker

Gefüllte Rehkeule
mit Serviettenknödel

Zubereitung:

1. Das Brötchen in eine flache Schale geben und ca. 1 Stunde in Milch einweichen.

2. Die Pfifferlinge aus der Dose auf ein Sieb geben und abtropfen lassen oder frische Pfifferlinge mit einem Pilz- oder Kuchenpinsel säubern. Nicht waschen, da sie sich schnell mit Wasser vollsaugen und an Geschmack verlieren! Anschließend in kleine Würfel schneiden. Die Frühlingszwiebeln putzen und in feine Ringe schneiden. Den Speck sehr fein würfeln.

3. Butterschmalz in eine Pfanne geben, erhitzen und die Speckwürfel darin auslassen. Anschließend die Pfifferlinge darin anbraten, die Frühlingszwiebeln hinzufügen und bissfest dünsten. Die Petersilie waschen, trocken schütteln und fein hacken.

4. Das Rehfleisch durch den Fleischwolf drehen. Anschließend das ausgedrückte Brötchen ebenfalls durch den Fleischwolf drehen. Das Ei, die Pilz-Speckwürfelmischung und die Petersilie dazu geben und alles gut miteinander vermengen. Mit Salz, Pfeffer und Muskatnuss abschmecken. Den Backofen auf 180° C (Umluft 160° C) vorheizen.

5. Die Rehkeule salzen und ein wenig pfeffern. Die Füllung in die Rehkeule geben und die Keule zunähen, damit beim Braten nichts herausquillt. Den Braten binden. Das Suppengemüse putzen, waschen und in kleine Würfel schneiden.

6. Butterschmalz in einem großen Bräter erhitzen und die Rehkeule darin von allen Seiten kräftig anbraten. Das Suppengemüse hinzufügen, kurz mitbraten und dann mit 100 ml Wildfond begießen.

Den geschlossenen Bräter ca. 1 ½ Stunden in den Backofen stellen. Dabei immer wieder mit Bratflüssigkeit begießen.

7. Die Brötchen in Scheiben schneiden und in eine große Schüssel geben. Die Zwiebel würfeln. Die Butter in einem Topf erhitzen und die Zwiebelwürfel darin andünsten.

8. Die Milch dazugeben und heiß werden lassen. Das Milch-Gemisch über die Brötchen geben und gut miteinander verrühren. Eier und Petersilie hinzufügen. Mit Salz, Pfeffer und Muskatnuss abschmecken und ca. ½ Stunde durchziehen lassen.

9. In einem großen Topf Wasser zum Kochen bringen, Salz hinzufügen. Währenddessen den Brötchenteig auf ein nasses Geschirrtuch geben. Das Geschirrtuch in der Mitte zusammenbinden und mit den Enden des Geschirrhandtuchs einen Kochlöffel fest einbinden.

10. Den Kochlöffel so auf den Topf mit dem Salzwasser legen, dass der Knödel vom Salzwasser bedeckt wird. Bei schwacher Hitze etwa 40 Minuten garen. Vor dem Servieren in Scheiben schneiden und auf einer Platte anrichten.

11. Den Braten herausheben und zum Warmhalten in Alufolie wickeln. Die Bratflüssigkeit durch ein Sieb in einen Topf passieren und mit dem Wildfond und Rotwein aufkochen lassen. Die Stärke mit kaltem Wasser anrühren und die Soße damit binden. Mit Salz und Pfeffer und ganz wenig Zucker abschmecken. Das Fleisch aufschneiden und mit der Soße und dem Serviettenknödel servieren.

Zutaten für 4–6 Personen:

1000 g Hirschrückenffilet
Salz
Pfeffer, frisch gemahlen
Paprikapulver
250 g frische Steinpilze
1 Zwiebel
1 Knoblauchzehe
3 EL Pflanzenöl, z. B. von Biskin®

80 ml Sherry
100 ml Gemüsebrühe
150 g grüne Weintrauben
50 ml süße Sahne
evtl. Soßenbinder
Zahnstocher
frische Kräuter zum Garnieren

Gefülltes **Hirschfilet**
in Weintrauben-Soße

Zubereitung:

1. Das Hirschfilet kalt abwaschen, mit Küchenpapier trocken tupfen und mit einem scharfen Messer eine Tasche hineinschneiden. Das Fleisch innen und außen mit Salz, Pfeffer und Paprikapulver würzen.

2. Die Steinpilze mit einem Pilz- oder Kuchenpinsel säubern. Nicht waschen, da sie sich schnell mit Wasser vollsaugen und an Geschmack verlieren! Die Stielenden abschneiden und die Pilze klein schneiden. Die Zwiebel schälen und fein hacken. Den Knoblauch schälen und durchpressen. 1 EL Öl in einer Pfanne erhitzen und die Zwiebel, den Knoblauch und die Steinpilze darin andünsten.

3. Alles mit Salz, Pfeffer und Paprikapulver würzen. Die Pilzmischung in das Filet füllen und die Öffnung mit Zahnstochern verschließen.

4. Das restliche Öl in einem Bräter erhitzen und das gefüllte Filet darin ca. 10 Minuten von allen Seiten braten. Mit dem Sherry und der Gemüsebrühe ablöschen und weitere 10 Minuten ziehen lassen.

5. Die Weintrauben waschen und trocken tupfen, halbieren, entkernen und kurz vor Ende der Garzeit zum Fleisch geben. Das Filet herausnehmen und warm stellen.

6. Die Soße mit den Weintrauben kurz aufkochen lassen und die Sahne einrühren. Die Soße mit Salz und Pfeffer abschmecken und eventuell mit Soßenbinder andicken. Das Filet in Scheiben schneiden und mit der Weintraubensoße auf Tellern anrichten. Mit frischen Kräutern und Weintrauben garniert servieren.

Hirschbraten
mit Lebkuchensoße

Zubereitung:

1. Das für die Marinade gedachte Gemüse putzen und waschen. Die Zwiebeln schälen und vierteln, Möhren, Sellerie und Petersilienwurzel klein schneiden und alles zusammen mit den Gewürzen, dem Zuckerrübensirup, dem Rotwein, dem Wasser und dem Essig aufkochen und abkühlen lassen.

2. Den Hirschbraten kalt abwaschen, mit Küchenpapier trocken tupfen und so in die Marinade einlegen, dass das Fleisch bedeckt ist. Kalt stellen und 1–2 Tage in der Marinade ziehen lassen.

3. Anschließend das Fleisch aus der Marinade nehmen, abtropfen lassen und mit Küchenpapier trocken tupfen. Die Marinade beiseitestellen. Den Hirschbraten in einem großen Bräter in heißem Butterschmalz rundherum kräftig anbraten. Die Zwiebel schälen und fein hacken, mit den Gewürzen zugeben und mitbraten.

4. Das Fleisch salzen und pfeffern, mit ¼ l Wasser und ½ l Marinade aufgießen und den grob zerkleinerten Lebkuchen dazugeben. Anschließend den Braten im vorgeheizten Backofen bei 200° C (Umluft 180° C) 2 Stunden schmoren, dabei mehrmals wenden, eventuell Wasser und Marinade nachgießen.

5. Inzwischen aus Mehl, Eiern, Wasser und 1 TL Salz einen Spätzleteig anrühren, anschließend etwas ruhen lassen. Den Rosenkohl putzen und waschen. 45 Minuten vor Garende des Fleisches in einem großen Topf 2–3 l Salzwasser für die Spätzle erhitzen.

6. Inzwischen den Rosenkohl in Gemüsebrühe bissfest garen, abgießen und abtropfen lassen. Den Bauchspeck fein schneiden und in einem Topf anbraten, den Rosenkohl zugeben, das Gemüse mit etwas Salz und Muskat würzen und warm stellen.

7. Den Spätzleteig portionsweise durch eine Presse in das kochende Salzwasser drücken oder mit einem Spätzlehobel ins kochende Wasser hobeln. Mit einem Schaumlöffel die oben schwimmenden Spätzle herausnehmen, abtropfen lassen und warm stellen.

8. Den Braten aus dem Bräter nehmen, in Alufolie wickeln und ruhen lassen. Die Soße durch ein Sieb passieren und eventuell nachwürzen. Das Fleisch in Scheiben schneiden, mit den Spätzle, dem Rosenkohl und der Soße servieren.

Zutaten für 6 Personen:

2000 g Hirschbraten (aus der Keule)
2–3 EL Butterschmalz, 1 große Zwiebel
2 Lorbeerblätter, 1 Zimtstange
1 EL Koriander, 5–6 Nelken
5–6 Wacholderbeeren
Salz, Pfeffer
500 ml Marinade
100 g Lebkuchen, 600 g Mehl
6 Eier
600 g Rosenkohl, 750 ml Gemüsebrühe
100 g roh geräucherter Bauchspeck oder
Schinkenspeck, Muskat

Für die Marinade:

2 Zwiebeln, 2 Möhren
¼ Sellerieknolle
1 Petersilienwurzel
3 Lorbeerblätter
Nelken
8–10 Wacholderbeeren
Salz, Pfeffer
1 EL Zuckerrübensirup
500 ml Rotwein
250 ml Essig

Sauerbraten

von der Hirschkeule

Zubereitung:

1. Das Fleisch kalt abwaschen und mit Küchenpapier trocken tupfen. Die Zwiebeln schälen und hacken. Die Möhren, die Petersilienwurzel und den Sellerie putzen, waschen und in ca. 2 cm große Würfel schneiden.

2. Das Fleisch salzen, pfeffern und in einem Bräter im heißen Keimöl rundherum anbraten und wieder herausnehmen. Zwiebeln und Gemüsewürfel im Fett kurz anbraten. Den Backofen auf 150° C (Umluft 130° C) vorheizen.

3. Den Rotwein und 300 ml Wasser zum Gemüse geben, aufkochen und die Sauerbratensoße einrühren. Das Hirschfleisch, das Lorbeerblatt, die Nelke und die Thymianzweige in die Soße geben. Den Deckel auflegen und alles im heißen Backofen ca. 2 Stunden garen.

4. Die Mandelstifte in einer beschichteten Pfanne ohne Fett rösten. Das Fleisch aus dem Ofen nehmen und warm stellen.

5. Die Soße durch ein Sieb in einen Topf passieren. Die Preiselbeeren und die Cranberrys darin erhitzen. Mit Salz und Pfeffer abschmecken.

6. Das Fleisch aufschneiden und mit der Soße und den Mandelstiften servieren.

Tipp:
Dazu passt Romanesco oder Blumenkohl.

Zutaten für 4–6 Personen:

1000 g Hirschfleisch aus der Keule
2 Zwiebeln
1–2 Möhren
1 Petersilienwurzel
1 Knollensellerie
Salz, Pfeffer, frisch gemahlen
2 EL Keimöl, z. B. von Mazola
300 ml Rotwein

1 Beutel Sauerbratensoße,
z. B. von Knorr
1 Lorbeerblatt
1 Gewürznelke
3 Thymianzweige
80 g Mandelstifte
2 EL Wildpreiselbeeren (Glas)
80 g getrocknete Cranberrys

Zutaten für 4 Personen:

1000 g Hirschfleisch (aus der Oberkeule)
Salz, Pfeffer
4 EL Butter
1 Möhre, 2 Zwiebeln
800 g Kartoffeln
100 ml Milch
50 g Grieß
1 Ei, Salz
2 Scheiben Pumpernickel
600 g Rosenkohl
1 EL Stärke
Preiselbeerkompott

Für die Marinade:
250 ml Rotwein
750 ml Wasser
5 EL Weinessig
1 EL Salz, 1 TL Zucker
½ TL weißer Pfeffer
5 Pfefferkörner
5 Wacholderbeeren
1 Lorbeerblatt
1 Möhre
1 Stück Sellerie
1 Zwiebel

Hirschbraten
mit Rosenkohl

Zubereitung:

1. Die Zutaten für die Marinade (Gemüse putzen, waschen bzw. schälen und klein schneiden), aufkochen und abkühlen lassen. Das Fleisch kalt abwaschen, mit Küchenpapier trocken tupfen und 1–2 Tage in die Marinade einlegen, dabei mehrmals wenden.

2. Das Hirschfleisch aus der Marinade nehmen, abtropfen lassen mit Küchenpapier trocken tupfen, mit Salz und Pfeffer einreiben und in 3 EL Butter rundherum anbraten. 2 Tassen Beize angießen. Die klein geschnittene Möhre und die geschälten geviertelten Zwiebeln zugeben und zugedeckt im Bräter 1 ¼ Stunden garen.

3. Inzwischen die Kartoffeln schälen und in eine Schüssel mit kaltem Wasser reiben. Die Kartoffelmasse mit einem Tuch gut auspressen. Das ausgepresste Kartoffelwasser auffangen, damit sich die Stärke absetzen kann.

4. Das Wasser vorsichtig abgießen und die Stärke zu der Kartoffelmasse geben. Milch erhitzen, den Grieß zugeben und quellen lassen, anschließend das Ei unterrühren und alles gut mit der Kartoffelmasse verrühren. Kräftig salzen.

5. 1 Scheibe Pumpernickel in Würfel schneiden. Aus der Kartoffelmasse gleichmäßig große Knödel formen und mit Pumpernickel füllen. Die Klöße in kochendem Salzwasser ca. 20 Minuten ziehen lassen, anschließend in zerkrümeltem Pumpernickel wälzen.

6. Den Rosenkohl putzen, waschen und in Salzwasser ca. 15 Minuten kochen, abtropfen lassen und in 1 EL heißer Butter schwenken. Den Hirschbraten aus dem Bräter nehmen und warm stellen. Die Soße durchpassieren.

7. Die Stärke mit etwas Wasser anrühren und die Soße damit binden. Kurz aufkochen lassen, nach Geschmack nachwürzen und mit Preiselbeeren abschmecken. Das Fleisch in Scheiben schneiden, mit dem Rosenkohl und den Kartoffelknödeln servieren.

Hirschragout

mit grünen Weintrauben

Zutaten für 4 Personen:

500 g Hirschfleisch aus der Schulter
(ohne Knochen)
1–2 EL Keimöl, z. B. von Mazola
1 EL Tomatenmark
Salz, weißer Pfeffer, frisch gemahlen
50 ml Portwein oder roter Traubensaft
abgeriebene Schale von ½ unbehandelten Zitrone
2 Pimentkörner, 1 TL Wacholderbeeren
250 g grüne Weintrauben
2–3 TL Bratenfond (Glas)
2–3 EL dunkler Soßenbinder,
z. B. von Mondamin, 1–2 EL Crème fraîche

Zubereitung:

1. Das Fleisch kalt abwaschen, mit Küchenpapier trocken tupfen, würfeln und in einem
großen Topf im heißen Keimöl braun braten.
Das Tomatenmark hinzufügen und anrösten.

2. Das Fleisch mit Salz und Pfeffer würzen
und mit 500 ml Wasser und dem Portwein
oder Traubensaft ablöschen. Die Zitronenschale, den Piment und die Wacholderbeeren hinzufügen. Alles bei schwacher
Hitze 60–90 Minuten zugedeckt schmoren.

3. Die Weintrauben waschen und trocken tupfen,
eventuell halbieren und entkernen. Kurz vor
Ende der Garzeit zum Fleisch in den Topf
geben.

4. Den Bratenfond einrühren und die Soße
aufkochen. Den Soßenbinder unter Rühren
einstreuen und 1 Minute kochen lassen.

5. Das Ragout mit der Crème fraîche verfeinern.

Hirschmedaillons mit Knödeln und Hagebutten-Soße

Zutaten für 4 Personen:

600 g Hirschrückenfilet
1 Packung Knödel, z. B. Kloßteig Fränkisch
halb & halb von Henglein
4 Trockenpflaumen ohne Stein
1 TL Zitronensaft
250 ml trockener Rotwein
2 kleine Zwiebeln, 2 EL Butterschmalz
Salz, Pfeffer, frisch gemahlen
5 Wacholderbeeren, zerdrückt
60 g Frühstücksspeck, gewürfelt
400 ml Wildfond (Glas)
3 EL Hagebuttenkonfitüre
2 EL Crème fraîche
Zimt, evtl. dunkler Soßenbinder

Zubereitung:

1. Die Knödel nach Packungsanleitung zubereiten.

2. Die Trockenpflaumen in Streifen schneiden, in dem Zitronensaft und 2 EL Rotwein marinieren.

3. Das Hirschfilet kalt abwaschen, mit Küchenpapier trocken tupfen und in Medaillons schneiden. Die Zwiebeln schälen und würfeln. Das Butterschmalz in einer Pfanne erhitzen und die Hirschmedaillons darin von beiden Seiten braten. Mit Salz, Pfeffer und den Wacholderbeeren würzen, aus der Pfanne nehmen und zugedeckt warm stellen.

4. Den Frühstücksspeck und die Zwiebelwürfel in dem verbliebenen Bratensatz anbraten. Mit dem Wildfond und dem restlichen Rotwein ablöschen. Die Trockenpflaumen mit der Marinade hinzufügen und alles aufkochen lassen.

5. Die Hagebuttenkonfitüre und die Crème fraîche unterrühren und die Soße mit 1 Prise Zimt, Salz und Pfeffer abschmecken. Nach Wunsch mit dunklem Soßenbinder andicken.

6. Die Hirschmedaillons wieder in die Soße geben. Fleisch und Soße mit den Knödeln servieren.

Gamsbraten in Wacholderrahm

Zutaten für 6 Personen:

1000 g Gamsbraten
2 Zwiebeln, 1 Möhre
1 EL Pfefferkörner, 2 EL Wacholderbeeren
125 ml Essig, 125 ml Rotwein
2 Lorbeerblätter, 1 Gewürznelke
Salz, Pfeffer, frisch gemahlen
Bratfett
250 g Pilze, z. B. Egerlinge
125 g Crème fraîche, 1 TL Zucker

Zubereitung:

1. Die Zwiebeln und die Möhre putzen, schälen und in Stücke schneiden. Die Pfefferkörner und 1 EL Wacholderbeeren in einem Mörser zerstoßen. Den Essig und den Rotwein in eine große Schüssel gießen. Die Zwiebeln, die Möhren, die Lorbeerblätter, die Nelke, die zerstoßenen Pfefferkörner und Wacholderbeeren dazugeben. Den Gamsbraten kalt abwaschen, mit Küchenpapier trocken tupfen und in die Beize legen. Zugedeckt ca. 2 Tage darin marinieren. Das Fleisch ab und zu wenden.

2. Das Fleisch aus der Beize nehmen, mit Küchenpapier trocken tupfen und mit Salz und Pfeffer würzen. Die Beize durch ein Sieb abgießen und beiseitestellen.

3. Den Backofen auf 200° C (Umluft 180° C) vorheizen. Das Bratfett in einem Schmortopf erhitzen und den Gamsbraten von allen Seiten darin anbraten. Mit der Hälfte der Beize ablöschen, den Braten im heißen Ofen 1 Stunde schmoren und dabei immer wieder mit der noch vorhandenen Beize übergießen.

4. Die Pilze mit einem Pilz- oder Kuchenpinsel säubern. Nicht waschen, da sie sich schnell mit Wasser vollsaugen und an Geschmack verlieren! Die Stielenden abschneiden und die Pilze in Scheiben schneiden, die restlichen Wacholderbeeren im Mörser fein zerstoßen oder in einer Gewürzmühle mahlen.

5. Den Braten aus dem Topf nehmen und warm stellen. Die Pilze im Bratfett weich dünsten. Die Crème fraîche und die Wacholderbeeren in die Soße einrühren und mit Salz, Pfeffer und Zucker abschmecken. Den Gamsbraten aufschneiden und mit der Soße servieren.

Gamskeule mit Rosmarinkartoffeln

Zutaten für 6–8 Personen:

2000 g Gamskeule
750 ml Rotwein
Salz
Pfeffer
3 EL Öl
3 Hagebutten

Für die Soße:
200 ml süße Sahne
1 EL Mehl
1 EL Hagebuttenmark

Für die Rosmarinkartoffeln:
1000 g Frühkartoffeln
6 EL Öl
4 TL Salz
2 EL Rosmarinnadeln
Pfeffer

Zubereitung Gamskeule:

1. Die Gamskeule von Häutchen und Sehnen befreien, kalt abwaschen, mit Küchenpapier trocken tupfen und über Nacht in dem Rotwein marinieren.

2. Den Backofen auf 180° C (Umluft 160° C) vorheizen. Das Fleisch aus der Marinade heben. Die Marinade in einem Topf etwas einköcheln lassen. Währenddessen die Keule mit Salz und Pfeffer würzen und im Bräter in heißem Öl rundherum anbraten. Mit 150 ml Marinade ablöschen.

3. Die Hagebutten zugeben. Die Gamskeule im geschlossenen Bräter im Backofen bei 180° C (Umluft 160° C) 2 Stunden braten, dabei nach und nach mit der restlichen Marinade begießen.

4. Die Keule herausheben und in Alufolie beiseitestellen. Die Soße durch ein Sieb passieren und mit der Sahne 5 Minuten köcheln lassen. Mehl mit kaltem Wasser anrühren und die Soße binden. Mit Salz, Pfeffer und Hagebuttenmark abschmecken. Zu dem aufgeschnittenen Fleisch servieren.

Zubereitung Rosmarinkartoffeln:

1. Den Backofen auf 200° C (Umluft 180° C) vorheizen.

2. Die Kartoffeln gründlich abbürsten, waschen, abtrocknen und in eine Auflaufform oder auf ein Backblech geben.

3. Öl, Salz, Rosmarin und Pfeffer hinzufügen und alles gut miteinander vermischen, bis alle Kartoffeln mit Öl und Kräutern benetzt sind.

4. Das Ganze zugedeckt 40–50 Minuten im Backofen garen.

Zutaten für 6 Personen:

ca. 1300 g Wildschweinfilet
2 EL Sonnenblumenöl
½ Bund Petersilie
125 g weiche Butter
1 EL Zitronensaft
Salz
Pfeffer

Für das Rotkraut:
1000 g Rotkohl
1 Zwiebel
2 EL Butterschmalz
2 EL Zucker
100 ml Essig
200 ml Rotwein
100 ml Apfelsaft

1 Prise Gewürznelke
1 Lorbeerblatt
5 Wacholderbeeren
½ EL gemahlener Zimt
1 Apfel
1 EL Johannisbeergelee
Salz
Pfeffer

Wildschweinmedaillons
mit Rotkraut

Zubereitung:

1. Die Petersilie waschen, trocken schütteln und fein schneiden. Zusammen mit der Butter, dem Zitronensaft, Salz und Pfeffer in einer Schüssel vermengen. Die Petersilienbutter auf eine Klarsichtfolie geben und zu einer Rolle formen. Über Nacht kalt stellen.

2. Den Rotkohl vom Strunk befreien, die Blätter in feine Streifen schneiden und waschen. Die Zwiebel schälen und in kleine Würfel schneiden.

3. Das Butterschmalz in einem großen Topf zerlassen und den Zucker darin karamellisieren lassen.

4. Die Zwiebelwürfel in das Karamell geben, das Rotkraut hinzufügen und alles gut verrühren. Den Essig, den Rotwein, den Apfelsaft und die Gewürze dazugeben.

5. Den Apfel klein schneiden und unter das Rotkraut mischen. Bei mittlerer Hitze 40 Minuten köcheln lassen. Dabei gelegentlich rühren.

6. Den Backofen auf 180° (Umluft 160° C) vorheizen. Das Wildschweinfilet in Medaillons schneiden. In einer Pfanne 2 EL Sonnenblumenöl erhitzen und die Medaillons bei großer Hitze rundherum ca. 2 Minuten anbraten. Mit Salz und Pfeffer würzen. Die Petersilienbutter in Scheiben schneiden und auf die Medaillons legen. Je nach Dicke der Medaillons diese 5–8 Minuten im Backofen garen.

7. Das Johannisbeergelee unter das Rotkraut mischen und mit Salz und Pfeffer abschmecken.

8. Das Rotkraut auf vorgewärmte Teller verteilen und die Wildschweinmedaillons darauf anrichten.

Tipp:
Dazu schmeckt Kartoffelpüree.

Wildschwein-Sauerbraten
in Rotweinsoße

Zutaten für 6–8 Personen:

1200 g Wildschweinfleisch (aus der Keule)
300 g Zwiebeln
250 g Staudensellerie
150 g Lauch, 50 g Möhre
2 EL Pflanzenfett, z. B. von Biskin®
Salz, Pfeffer, frisch gemahlen
Paprikapulver, 3 EL Tomatenmark
300 ml Rotwein, 50 ml Rotweinessig
80 ml süße Sahne
frische Kräuter zum Garnieren

Für die Marinade:
250 ml Rotwein, 250 ml Pflanzenöl
2 Lorbeerblätter, 3 Thymianzweige
1 Rosmarinzweig, 1 EL schwarze Pfefferkörner
4 Pimentkörner, 3 Gewürznelken

Zubereitung:

1. Am Vortag das Fleisch in einer Schüssel mit einer Marinade aus Rotwein, Öl, Lorbeer, Thymian, Rosmarin, Pfeffer, Piment und Nelken bedecken, kalt stellen und über Nacht durchziehen lassen. Anschließend das Fleisch durch ein Sieb abgießen und trocknen. Die Gewürze beiseitelegen, die Marinade nicht verwenden.

2. Die Zwiebeln schälen und in schmale Spalten schneiden. Den Sellerie putzen, waschen und in Stücke schneiden. Den Lauch putzen, waschen und in Ringe schneiden. Die Möhre schälen, waschen und in Scheiben schneiden.

3. Das Pflanzenfett im Bräter erhitzen. Das Fleisch darin bei starker Hitze 2 Minuten rundherum anbraten. Anschließend mit Salz, Pfeffer und Paprikapulver kräftig würzen. Die Zwiebeln dazugeben und anbraten.

4. Danach Sellerie, Lauch und Möhre unterrühren und weitere 3 Minuten anbraten. Das Tomatenmark unterrühren. Alles mit dem Rotwein und dem Rotweinessig ablöschen und die beiseitegelegten Gewürze wieder dazugeben.

5. Das Ganze zugedeckt bei schwacher Hitze ca. 2 Stunden schmoren.

6. Das Fleisch herausnehmen und warm stellen. Den Bratfond durch ein Sieb gießen, noch einmal erhitzen und die Sahne einrühren. Alles mit Salz und Pfeffer abschmecken. Das Fleisch in Scheiben schneiden, mit der Soße auf einer Platte anrichten und mit frischen Kräutern garniert servieren.

Wildschweinbraten

mit Balsamico-Wirsing

Zutaten für 6 Personen:

1000 g Wildschweinfleisch (aus der Keule)
Salz, Pfeffer, frisch gemahlen
9 EL Olivenöl
5 Knoblauchzehen
½ Bund frischer Thymian
400 ml trockener Rotwein
1 Glas Nudelsoße „Tomaten & Gegrilltes Gemüse",
z. B. von Bertolli
1 Wirsing (ca. 900 g), 1 Zwiebel
250 ml Hühnerbrühe
4–6 EL Balsamicoessig, 2 EL Honig
evtl. etwas Zucker, 3 EL dunkler Soßenbinder

Zubereitung:

1. Das Fleisch kalt abwaschen, mit Küchenpapier trocken tupfen und mit Salz und Pfeffer würzen. 3 EL Olivenöl in einem Bräter erhitzen und das Fleisch rundherum anbraten.

2. Den Knoblauch schälen und drei Zehen zum Fleisch pressen. Den Thymian waschen und trocken schütteln. Die Blättchen abzupfen und kurz mitbraten.

3. Den Rotwein, 600 ml Wasser und die Nudelsoße hinzufügen und alles zugedeckt bei mittlerer Hitze ca. 1 ½ Stunden garen. Das Fleisch gelegentlich wenden.

4. Inzwischen den Wirsing putzen, waschen und in feine Streifen schneiden. Die Zwiebel schälen und fein würfeln. Das restliche Olivenöl in einem weiten Topf erhitzen, die Zwiebelwürfel und Wirsingstreifen hinzufügen und dünsten. Den restlichen Knoblauch dazupressen und kurz mitdünsten.

5. Die Hühnerbrühe hinzufügen und das Gemüse zugedeckt bei schwacher Hitze ca. 30 Minuten garen. Den Deckel entfernen, die Flüssigkeit einkochen lassen und den Wirsing mit Essig, Honig, Salz und Pfeffer pikant abschmecken.

6. Das Fleisch aus der Soße nehmen und in Scheiben schneiden. Die Soße mit Salz, Pfeffer und Zucker abschmecken und mit dem Soßenbinder binden. Alles auf einer Platte anrichten und mit dem Wirsinggemüse servieren.

Wildschwein-Gulasch
in Pflaumen-Vanille-Soße

Zubereitung:

1. Zwiebeln, Möhren und Petersilienwurzel schälen und in Würfel schneiden.

2. Das Fleisch portionsweise in einem Topf im heißen Keimöl rundherum anbraten, salzen und pfeffern. Das Gemüse zufügen und mit anbraten. Tomatenmark dazugeben, kurz anrösten und die Fleischbrühe oder den Wildfond angießen.

3. Die Vanilleschote aufschneiden, das Mark herauskratzen und mit den Lorbeerblättern, Wacholderbeeren und Nelken zufügen. Das Wildschweingulasch zugedeckt bei schwacher Hitze 1 ½ – 2 Stunden schmoren lassen.

4. Die Semmelknödel in einen Topf mit kaltem, gesalzenem Wasser geben und 10 Minuten quellen lassen.

5. Anschließend die Knödel kurz sprudelnd aufkochen und bei schwacher Hitze 10 Minuten ziehen lassen. Die Semmelknödel herausnehmen.

6. Mehlschwitze in das Wildschweingulasch einrühren und 1 Minute kochen lassen. Das Gulasch mit Salz, Pfeffer und Pflaumenmus abschmecken und mit den Semmelknödeln servieren.

Tipp:
Dazu passt Rotkohlgemüse. Das Wildgulasch kann zusätzlich mit Zimt abgeschmeckt werden.

Zutaten für 4–6 Personen:

1000 g Wildgulasch vom Wildschwein
2 Zwiebeln
150 g Möhren
1 Petersilienwurzel
3 EL Keimöl
Salz
Pfeffer
1 EL Tomatenmark
500 ml Fleischbrühe oder Wildfond

1 Vanilleschote
2 Lorbeerblätter
3 Wacholderbeeren
3 Nelken
1–2 Packungen Pfanni Semmel-Knödel
(6 Stück)
3 EL Mondamin Klassische Mehlschwitze, dunkel
3–4 EL Pflaumenmus

Wildschwein in Rotwein-Marinade

Zutaten für 8 Personen:

2000 g Wildschweinbraten aus der Keule
150 g durchwachsener Speck
4 EL Butter, 2 Möhren für den Bratenfond
½ Stange Lauch, 2 Zwiebeln, 1 Knoblauchzehe
Salz, Pfeffer, 400 g Möhren, 500 g Maronen
2 EL Zucker, 1 EL Mehl, 5 EL Rotwein
200 ml süße Sahne

Für die Marinade:
2 Zwiebeln, 2 Möhren, ¼ Sellerieknolle
2 Petersilienwurzeln, 2 Lorbeerblätter
8–10 Wacholderbeeren, 1 EL Zuckerrüben-Sirup
Salz, Pfeffer, 700 ml Rotwein, 100 ml Weinessig

Zubereitung:

1. Das für die Marinade gedachte Gemüse putzen und waschen. Die Zwiebeln schälen, vierteln, Möhren, Sellerie und Petersilienwurzeln klein schneiden. Alles zusammen mit den Gewürzen, Rotwein, Wasser und Essig aufkochen.

2. Den Wildschweinbraten kalt abwaschen, mit Küchenpapier trocken tupfen und so in die abgekühlte Marinade einlegen, so dass das Fleisch bedeckt ist. Kalt stellen und 2 Tage in der Marinade ziehen lassen.

3. Anschließend das Fleisch aus der Marinade nehmen, abtropfen lassen und mit Küchenpapier trocken tupfen. Die Marinade beiseitestellen. Den durchwachsenen Speck würfeln und mit 2 EL Butter im Bräter anbraten.

4. Möhren und Lauch putzen, waschen, die Zwiebeln schälen, alles klein schneiden, mit der Knoblauchzehe zum Speck geben und kurz andünsten. Den Braten salzen und pfeffern und von allen Seiten scharf anbraten.

5. 750 ml Wasser und 500 ml der durchgeseihten Marinadenflüssigkeit zugeben und kurz aufkochen lassen. Anschließend im zugedeckten Bräter bei 200–210° C (Umluft 180–190° C) gut zwei Stunden fertig garen, dabei gegebenenfalls Marinade nachgießen.

6. Inzwischen die Möhren schälen und in Stifte schneiden. Die Möhren und die Maronen jeweils 15 Minuten lang kochen. Die noch heißen Maronen schälen. 2 EL Butter in einer Pfanne erhitzen, 1 EL Zucker zugeben und die Maronen darin einige Minuten glasieren.

7. Anschließend die Möhren auf die gleiche Weise glasieren. Nach Abschluss der Garzeit den Wildschweinbraten aus dem Bräter nehmen. Den Bratensud mit etwas Mehl binden, mit Rotwein und Sahne verfeinern und durch ein Sieb streichen.

8. Mit den glasierten Möhren und Maronen servieren. Dazu passen Semmelknödel.

Wildschweinschnitzel
in Sahnesoße mit Semmelknödeln

Zutaten für 4 Personen:

800 g Wildschweinfleisch (aus der Keule)
Salz, Pfeffer, frisch gemahlen
4 Scheiben Speck
2 EL Keimöl

Für die Soße:
400 ml Wildfond
1 TL Holunderbeergelee
1 EL dunkler Soßenbinder
3 EL Tomatenmark
100 g saure Sahne
1 Prise Zucker

Für die Semmelknödel:
½ Bund Petersilie
1 Zwiebel, 1 EL Butter
3 Eier, 250 ml Milch
300 g Knödelbrot
2 EL Mehl
Salz, Pfeffer

Zubereitung:

1. Die Wildschweinkeule kalt abwaschen, mit Küchenpapier trocken tupfen und in vier gleichmäßig große Schnitzel schneiden. Mit Salz und Pfeffer würzen. Jedes Schnitzel mit einer Scheibe Speck belegen.

2. Das Öl erhitzen, die Wildschweinschnitzel darin rundherum anbraten und aus der Pfanne nehmen. Den Bratensatz mit dem Wildfond ablöschen. Das Holunderbeergelee hineinrühren und aufkochen. Den Soßenbinder einstreuen und unter Rühren 1 Minute kochen lassen. Mit Salz, Pfeffer und dem Zucker würzen.

3. Das Tomatenmark in die Soße einrühren und die saure Sahne hinzufügen. Mit Zucker abschmecken.

4. Die Petersilie abbrausen, trocken schütteln, die Blätter von den Stielen zupfen, die Zwiebel schälen und beides hacken. Die Butter in einer Pfanne schmelzen und die Zwiebel darin andünsten.

5. Die Eier mit der Milch verquirlen, die Petersilie dazugeben. Die Eiermischung und die Zwiebel über das Knödelbrot geben, unterrühren und etwas ruhen lassen. Das Mehl einarbeiten und mit Salz und Pfeffer abschmecken.

6. Aus der Masse Knödel formen und diese in siedenden Salzwasser 15–20 Minuten gar ziehen lassen. Die Schnitzel in die heiße Soße geben und kurz darin erwärmen.

7. Die Schnitzel mit den Semmelknödeln servieren. Dazu schmecken gebratene Apfelscheiben und Preiselbeeren.

Hasenrücken mit Maronenkruste

Zutaten für 4 Personen:

2 Hasenrücken mit Knochen (ca. 1200 g)
120 g Maronen (Dose), 1 Bund Petersilie
125 g Knoblauchbutter, z. B. von Meggle
2 Eier, 45 g Semmelbrösel
Salz, Pfeffer, frisch gemahlen

Für die Soße:

3 EL Mehl, 200 ml Wildfond (Glas)
250 ml Holundersaft, 3 Gewürznelken, Zucker
Salz, Pfeffer, frisch gemahlen

Zubereitung:

1. Die Maronen abtropfen lassen und fein hacken. Die Petersilie waschen, trocken schütteln und fein hacken. Etwa 60 g Knoblauchbutter mit dem Handrührgerät aufschlagen. Die Eier dazugeben und mit den Semmelbröseln, Maronen und der Petersilie mischen. Anschließend die Mischung salzen und pfeffern. Den Backofen auf 220° C (Umluft 200° C) vorheizen.

2. Die Hasenrücken kalt abwaschen und mit Küchenpapier trocken tupfen. Auf beiden Seiten des Rückgrats etwa 3 cm tief am Knochen entlang einschneiden. Das Fleisch rundherum salzen und pfeffern. Die Filets aufklappen und einen Teil der Maronen-Butter-Mischung in den Einschnitt streichen. Das Fleisch andrücken und die restliche Mischung auf das Fleisch streichen.

3. Ein Backblech mit ca. 20 g Knoblauchbutter bestreichen. Das Fleisch auf das Backblech legen und im heißen Backofen 12–15 Minuten braten.

4. Danach den Backofengrill ca. 3 Minuten zuschalten. Den Backofen ausschalten und das Fleisch ruhen lassen, bis die Soße fertig ist.

5. Für die Soße die restliche Knoblauchbutter mit dem Mehl verkneten und kalt stellen. Den Wildfond und den Holundersaft mit den Gewürznelken aufkochen. Etwa 5 Minuten offen kochen lassen. Die Nelken aus der Soße nehmen und die Mehl-Knoblauchbutter nach und nach einrühren. Die Soße mit Zucker, Salz und Pfeffer abschmecken und nur noch leicht köcheln lassen. Das Hasenfleisch vorsichtig vom Knochen lösen und in Scheiben schneiden. Mit der Holundersoße servieren.

Hasenrücken mit Pfifferlingsoße

Zutaten für 4 Personen:

2 Hasenrücken mit Knochen (ca. 1200 g)
Salz
Pfeffer, frisch gemahlen
abgeriebene Schale von
½ unbehandelten Zitrone
1 Msp. Lebkuchengewürz
1 EL Keimöl, z. B. von Mazola
50 g Speckscheiben
300 g grüne Trauben
1 EL Butter, 1 EL Zucker
3 EL Grappa oder Traubensaft
1 Beutel Pilzsoße, z. B. Feinschmecker
Pfifferlingsoße von Knorr

Zubereitung:

1. Den Backofen auf 200° C (Umluft 180° C) vorheizen. Die Hasenrücken kalt abwaschen, mit Küchenpapier trocken tupfen, salzen und pfeffern. Die Zitronenschale und das Lebkuchengewürz mit dem Keimöl verrühren und die Hasenrücken damit bestreichen. Mit den Speckscheiben umwickeln – so ist das zarte Wildfleisch vor dem Austrocknen geschützt – und in einen Bräter geben. Im heißen Backofen ca. 40 Minuten braten.

2. Die Trauben waschen, trocken tupfen, halbieren und eventuell entkernen. Die Butter in einer Pfanne schmelzen, den Zucker dazugeben und karamellisieren. Die Trauben darin einige Minuten schwenken. Mit dem Grappa oder Traubensaft ablöschen.

3. Die Hasenrücken aus dem Ofen nehmen, den Speck entfernen und das Fleisch warm stellen. Den Bratensatz mit 300 ml kaltem Wasser lösen. Die Fertigsoße einrühren, unter Rühren aufkochen und bei schwacher Hitze mit etwas geöffnetem Topfdeckel 5 Minuten kochen. Ab und zu umrühren.

4. Die Hasenrücken vom Knochen lösen und in Scheiben schneiden. Die Pfifferlingsoße mit den Trauben dazu servieren.

Tipp:

Die Speckscheiben vom Metzger möglichst dünn schneiden lassen. Dazu passen Semmelknödel.

Zutaten für 4 Personen:

500 g Hasenrückenfilet
1 Dose Steinpilze, z. B. von Fuchs (= 30 g)
2 EL Speiseöl, 50 g Bauchspeck
2 Schalotten
je 200 ml Rotwein und Gemüsebrühe

50 g Crème fraîche, Salz
¼ TL schwarzer Pfeffer, gemahlen
½ TL Estragon, gerebelt
½–1 TL Wildgewürz

Hasengeschnetzeltes

mit Steinpilzen

Zubereitung:

1. Die Pilze nach Packungsanweisung einweichen. Das Fleisch kalt abwaschen, mit Küchenpapier trocken tupfen, in ca. ½ cm große Stücke schneiden und in erhitztem Öl anbraten.

2. Das Fleisch herausnehmen. Den Speck würfeln und in dem verbliebenen Bratfett anbraten. Die Schalotten abziehen, fein würfeln, mit den Pilzen zum Speck geben und andünsten.

3. Den Rotwein und die Brühe angießen, aufkochen lassen, das Fleisch hinzufügen und mit erhitzen. Die Soße mit Crème fraîche verfeinern und mit Salz, Pfeffer, Estragon und Wildgewürz abschmecken.

4. Für die Schupfnudeln die Pellkartoffeln durch eine Kartoffelpresse drücken, mit den übrigen Zutaten zu einem Teig vermengen und etwa eine ½ Stunde ruhen lassen.

5. Den Teig zwischen den Handinnenflächen rollen, sodass die Nudeln ihre typische Form erhalten. Die Schupfnudeln in Salzwasser 5 Minuten kochen und in Butter leicht anbraten.

6. Das Geschnetzelte zusammen mit den Schupfnudeln auf Tellern anrichten und servieren.

Tipp:

Nach Wunsch mit Schupfnudeln und Wildpreiselbeer- oder Sauerkirsch-Birnen servieren.

Hasenkeule

in Wacholderrahmsoße

Zubereitung:

1. Die Hasenkeulen kalt abwaschen und mit Küchenpapier trocken tupfen. Anschließend mit Salz, Pfeffer und Thymian würzen und in etwas Mehl wenden.

2. 2 EL Bratfett in eine Pfanne geben, erhitzen und die Hasenkeulen darin von jeder Seite 3–5 Minuten scharf anbraten. Die Keulen kurz zur Seite stellen.

3. Die Zwiebeln schälen und in Ringe schneiden. Den Apfel würfeln. Nun 1 EL Bratfett in einem Schmortopf erhitzen und Zwiebelringe sowie Apfelwürfel mit 5 zerdrückten Wacholderbeeren anbraten.

4. Das Apfel-Zwiebelgemisch mit Wildfond und Rotwein ablöschen. Die Hasenkeulen hinzufügen und bei mittlerer Hitze ca. 45 Minuten schmoren lassen.

5. Die Birnen zum Abtropfen auf ein Sieb geben. Anschließend die Hälften mit Preiselbeerkonfitüre füllen.

6. Die Hasenkeulen kurz in Alufolie wickeln und beiseitestellen. Zur Zubereitung der Soße den Fond mit einem Pürierstab zerkleinen und die Sahne langsam einrühren.

7. Die Hasenkeulen auf einer vorgewärmten Platte mit den Birnen anrichten und zusammen mit der Soße servieren.

Tipp:
Dazu schmecken Bandnudeln.

Zutaten für 4 Personen:

1200 g Hasenkeulen (ca. 12 Keulen)
Salz
Pfeffer
Thymian, gerebelt
Mehl
3 EL Bratfett
2–3 mittlere Zwiebeln
1 säuerlicher Apfel
5 Wacholderbeeren

Für die Soße:
400 ml Wildfond
250 ml Rotwein
200 ml süße Sahne
820 g Birnenhälften (aus der Dose)
200 g Preiselbeerkonfitüre

Zutaten für 2–3 Personen:

1 küchenfertiges Kaninchen (ca. 1000 g)
Salz
Pfeffer
2 EL Mehl
3 EL Keimöl, z. B. von Mazola
60 g durchwachsener Speck

Für die Soße:
1 Beutel Knorr Fix für Schwedische
Hackbällchen Köttbullar
250 g Pflaumen aus dem Glas
1 EL Pflaumenmus

Kaninchen
Breslauer Art

Zubereitung:

1. Das Kaninchen in 6–8 Stücke teilen, kalt abwaschen und mit Küchenpapier trocken tupfen. Die Fleischstücke mit Salz und Pfeffer würzen und in Mehl wenden. Das Keimöl erhitzen und die Fleischstücke im heißen Öl rundherum anbraten. Den Speck in Streifen schneiden, hinzugeben und ausbraten.

2. 500 ml kaltes Wasser zu den Fleischstücken gießen und diese zugedeckt bei schwacher Hitze ca. 20–25 Minuten garen.

3. Anschließend die Fleischstücke herausnehmen und warm stellen. Den Beutelinhalt Fix für Schwedische Hackbällchen Köttbullar in den Fond einrühren und noch einmal aufkochen lassen.

4. Die Pflaumen abgießen und den Saft dabei auffangen. Die Soße mit dem Pflaumenmus und 50 ml Pflaumensaft abschmecken. Die abgetropften Pflaumen und das Fleisch hinzufügen und heiß werden lassen.

Tipp:

Dazu schmecken Bandnudeln und Blattsalat.

Kaninchen in scharfer Paprika-Mandelsoße

Zubereitung:

1. Die Paprikaschoten entkernen, waschen und auf ein Backblech setzen. Im vorgeheizten Backofen bei 250° C (Umluft 225° C) so lange rösten, bis sie fast schwarz sind und die Haut Blasen bildet. Herausnehmen und etwas abkühlen lassen. Die Haut abziehen und das Fruchtfleisch grob zerkleinern.

2. Die Chilischote waschen, nach Wunsch entkernen und in Scheiben schneiden. Zwiebeln und Knoblauch schälen und grob hacken. Den Oregano waschen und die Blättchen von den Stielen zupfen, die Stiele zusammenbinden.

3. Die Kaninchenkeulen kalt abwaschen, mit Küchenpapier trocken tupfen und mit Salz und Pfeffer würzen. In einem Schmortopf in 2 EL Olivenöl von beiden Seiten anbraten und herausnehmen. 1 EL Olivenöl hinzufügen, Zwiebelwürfel, Knoblauch und Mandeln in den Topf geben und anbraten.

4. Das Tomatenmark zufügen, kurz mitbraten. Mit Wein ablöschen und einkochen lassen. Die Geflügelbrühe, die Paprikastücke, Chilischote und Oreganostiele zugeben und aufkochen. Die Kaninchenkeulen zufügen, zudecken und im vorgeheizten Backofen bei 175° C (Umluft 150° C) ca. 75 Minuten schmoren.

5. Die Kaninchenkeulen aus dem Fond nehmen, zugedeckt warm stellen und die Oreganostiele entfernen.

6. Die Soße mit einem Stabmixer so lange pürieren, bis sie sämig wird. Mit fein gehackten Oreganoblättchen, Salz und Pfeffer abschmecken.

Tipp:

Dazu schmecken Rosmarinkartoffeln und Brokkoliröschen.

Zutaten für 4 Personen:

4 Kaninchenkeulen (à 375 g)
2 rote Paprikaschoten
1 Chilischote
2 mittelgroße Zwiebeln
2 Knoblauchzehen
1 Bund Oregano
Salz

Pfeffer
5 EL Bertolli Olivenöl extra vergine – Robusto
100 g geschälte, gestiftelte Mandeln
1 EL Tomatenmark
100 ml Weißwein
500 ml Geflügelbrühe

Kaninchen
mit Bohnen in Senfsoße

Zutaten für 4 Personen:

600 g Kaninchenfleisch (ohne Knochen)
Salz
¼–½ TL Pfeffer, frisch gemahlen
2–3 TL gefriergetrocknete Petersilie,
z. B. von Fuchs
2–3 TL edelsüßes Paprikapulver
2 Schalotten
2 Knoblauchzehen
500 g breite, grüne Bohnen
2 EL Pflanzenöl
600 ml Gemüsebrühe
2–3 EL heller Balsamicoessig
3–4 EL mittelscharfer Senf
1–2 EL süßer Senf
12 schwarze Oliven, evtl. Soßenbinder

Zubereitung:

1. Das Kaninchenfleisch kalt abwaschen, mit Küchenpapier trocken tupfen, in Stücke schneiden und mit Salz, Pfeffer, Petersilie und Paprika würzen.

2. Die Schalotten und den Knoblauch schälen, die Schalotten grob würfeln und den Knoblauch zerdrücken. Die Bohnen putzen, waschen und in Stücke schneiden.

3. Das Öl erhitzen und das Fleisch darin von allen Seiten gut anbraten. Die Schalotten und den Knoblauch hinzufügen und andünsten.

4. Die Brühe angießen und das Fleisch zugedeckt 30–40 Minuten schmoren. Die Bohnen ca. 20 Minuten vor Ende der Garzeit dazugeben.

5. Die Brühe mit Essig, Senf, Salz und Pfeffer abschmecken, die Oliven hinzufügen und die Soße eventuell mit Soßenbinder eindicken. Das Gericht auf Teller verteilen und servieren.

Tipp:
Breite Bandnudeln passen gut zu diesem Gericht.

Endiviensalat mit
Kaninchenrücken

Zutaten für 4 Personen:

250 g Kaninchenrücken ohne Knochen
10 g getrocknete Morcheln
200 g Endiviensalat
weißer Pfeffer, frisch gemahlen
5 EL Keimöl, z. B. von Mazola
Salz
1 Beutel Salatdressing, z. B. Salatkrönung
„Französische Art" von Knorr
1 EL Madeira

Zubereitung:

1. Die Morcheln in einer großen Tasse in Wasser 1–2 Stunden einweichen. Das Einweichwasser durch einen Kaffee- oder Teefilter gießen und auffangen. Die Pilze mit einem Pilz- oder Kuchenpinsel säubern. Nicht waschen, da sie sich schnell mit Wasser vollsaugen und an Geschmack verlieren! Die Stielenden abschneiden und die Pilze vierteln.

2. Den Endiviensalat putzen, waschen, trocken schleudern und in mundgerechte Stücke zupfen.

3. Das Fleisch kalt abwaschen, mit Küchenpapier trocken tupfen und mit dem Pfeffer würzen. 2 EL Keimöl in einer Pfanne erhitzen. Das Fleisch darin rundherum ca. 10 Minuten braten, salzen und warm stellen. Das Einweichwasser von den Morcheln zum Bratfett geben, die Morcheln hinzufügen und kurz andünsten.

4. Den Beutelinhalt des Salatdressings mit 2 EL Wasser, dem Madeira und dem restlichen Keimöl verrühren. Den Kaninchenrücken in Scheiben schneiden.

5. Endiviensalat, Morcheln und Fleisch auf 4 Tellern anrichten und das Dressing darüber verteilen.

Federwild

Alles, was Federn trägt, zählt zum Federwild. Die Vögel lassen sich in folgende Kategorien einordnen:

1 Tauben
2 Gänsevögel
3 Hühnervögel

Federwild von bis zu einem Jahr eignet sich grundsätzlich besser zur Zubereitung von feinen Speisen, das Fleisch ist zart und aromatisch, wohlschmeckend und leicht verdaulich. Ältere Vögel hingegen eignen sich nur zur Zubereitung von Brühen, Fonds, Suppen, Pasteten und Farcen, da sie oft zäh sind und einen sehr starken Wildgeschmack haben.

Tauben

Da Tauben mit Schrot geschossen werden können, ist es durchaus möglich, dass sie noch Schrotkörner enthalten.

◼ Taube

Tauben ernähren sich abwechslungsreich von Sämereien, Blattstücken und Früchten. Sie werden gerne ganz oder in Teilstücken gebraten.

Gänsevögel

Auch Enten und Schwäne zählen neben den eigentlichen Gänsevögeln zu dieser Kategorie. Sie alle haben zwischen den Vorderzehen Schwimmhäute und ein wasserdichtes Gefieder.

◼ Ente

Das Fleisch der Ente ist mager und dunkel. Enten sind gierige Allesfresser und nehmen vegetarische Nahrung auf, wie z. B. Gras, Wasserlilien, Knospen, Getreide und Eicheln, sie fressen aber auch Insekten, Schnecken, Würmer, Larven, Reptilien, Laich, Kleingetier oder Fische. Die Jagdsaison beginnt Anfang September und endet am 15. Januar. Die wohl bekannteste Wildente ist die Stockente.

Hühnervögel

Diese Bodenvögel können nur kurze Distanzen fliegen und haben kräftige, zum Scharren geeignete Beine.

◼ Fasan

Charakteristisch für den Fasan ist sein dunkelrotes, mageres Fleisch mit einem feinen, milden Wildgeschmack. Es gilt als Delikatesse. Im Gegensatz zu Hennen, die generell zarter sind, ist das Fleisch junger Hähne schmackhafter. Ebenso wie anderes großes Geflügel können auch Fasane gefüllt und im Ofen oder in der Pfanne gebraten werden. Man sollte aber den Braten, um ihn vor dem Austrocknen zu schützen, in Speck einwickeln.

◼ Rebhuhn

Rebhühner ernähren sich hauptsächlich von Insekten und Samen. Sie sind etwa so groß wie eine Taube und gehören zur Familie der Fasane. Das dunkelrote Fleisch des Rebhuhns hat einen kräftigen Wildgeschmack.

◼ Wachtel

Diese Zugvögel stehen in Deutschland unter Schutz und dürfen daher nicht bejagt werden. Alle im Handel und in der Gastronomie erhältlichen Tiere stammen aus Aufzuchtbetrieben. Besonders zu empfehlen sind sie als Kurzgebratenes.

◼ Truthuhn

Auch das Truthuhn gehört zu den fasanenartigen Wildtieren. Es ernährt sich hauptsächlich von Pflanzen und Insekten. Es gibt nur kleine regionale Vorkommen. Truthühner schmecken sowohl im Ganzen als auch als Rollbraten, wobei zwei Brüste einen Rollbraten ergeben.

Süsse Täubchen

mit Roma-Tomaten

Zutaten für 4 Personen:

2 küchenfertige Tauben (à 400 g) mit
ausgelösten Innereien
120 g Hähnchenbrustfilet
2 Schalotten
3 EL Olivenöl
Salz, schwarzer Pfeffer
Muskatnuss, frisch gerieben
1 Bund glatte Petersilie
20 g geröstete Pinienkerne
1 Brötchen
2 Zahnstocher
3–4 EL süße Sahne
250 ml Hühnerbrühe
250 g Roma-Tomaten
50 g Sultaninen
2–3 EL Honig

Zubereitung:

1. Den Backofen auf 200° C (Umluft 180° C) vorheizen.

2. Die Tauben sowie die Innereien und das Hähnchenbrustfilet kalt abwaschen und mit Küchenpapier trocken tupfen. Die gesäuberten Innereien fein hacken. Das Hähnchenbrustfilet fein hacken. Die Schalotten schälen und fein würfeln.

3. 1 EL Olivenöl in einer Pfanne erhitzen und die Schalottenwürfel darin gut andünsten. Dann das Hähnchenbrustfilet zu den Schalottenwürfeln in die Pfanne geben und kurz bei mittlerer Hitze rundherum anbraten. Das Filet herausnehmen, mit Salz, Pfeffer und Muskatnuss würzen und abkühlen lassen.

4. In der Zwischenzeit die Petersilie abwaschen und trocken schütteln. Die Petersilie, sowie die Pinienkerne fein hacken. Das Brötchen sehr klein Schneiden.

5. Das kleingeschnittene Brötchen in der Sahne einweichen dann mit dem Hähnchenbrustfilet vermischen und pürieren. Die gehackten Pinienkerne und die Petersilie unterrühren.

6. Die Tauben mit Salz und Pfeffer würzen, mit der hergestellten Fleischmasse füllen und mit Zahnstochern zustecken.

7. In einem Bräter das restliche Olivenöl erhitzen, die Tauben 5–6 Minuten von allen Seiten anbraten und mit ungefähr ⅓ der Hühnerbrühe angießen. Dann die Tauben etwa 30 Minuten im Backofen, auf der mittleren Einschubleiste, braten. Ab und zu die Tauben mit dem Bratfond bestreichen. Mit der Hühnerbrühe angießen.

8. Währenddessen die Stielansätze von den Roma-Tomaten entfernen. Die Tomaten kurz mit heißem Wasser überbrühen, häuten und halbieren. Die Sultaninen zu den Tauben in den Bräter geben und die Tauben mit dem Honig bestreichen. Nocheinmal mit Salz und Pfeffer würzen und weitere 10 Minuten braten.

9. Dann die Tauben herausnehmen und die Brust mit einer Geflügelschere durchtrennen und mit einem scharfen Messer die Füllung sowie den Rücken durchschneiden.

10. Zum Schluss die Taubenhälften auf einem Teller mit der Tomaten-Sultaninen-Mischung anrichten.

Wildentenragout
mit Bandnudeln

Zutaten für 4 Personen:

1 Wildente (ca. 850 g)
3 unbehandelte Orangen
30 g Butter, 2 Zwiebeln, 1 Bund Suppengrün
2 Frühlingszwiebeln, 2 EL Tomatenmark
500 ml Rotwein, 400 ml Hühnerbrühe
Salz, Pfeffer
500 g breite Bandnudeln, z. B. Genießer-Nudeln
von Birkel

Zubereitung:

1. Die Schale einer Orange dünn abschälen und in sehr feine Streifen schneiden. Alle Orangen auspressen. Von der Ente die Keulen, Flügel und Brüste abtrennen.

2. Das Brustfleisch häuten, in 1 cm große Würfel schneiden. Die Keulen und Flügel und das Brustfleisch in Butter anbraten.

3. Die Frühlingszwiebeln in Röllchen schneiden, die Zwiebeln und das Suppengrün fein würfeln, dazugeben und leicht bräunen. Das Tomatenmark unterrühren. Mit Rotwein ablöschen und fast völlig einkochen lassen.

4. Orangensaft, -schale und Hühnerbrühe zugeben, würzen und ca. 30 Minuten köcheln lassen. Das Entenfleisch herausnehmen. Die Soße ca. 10 Minuten einkochen und dann durch ein Sieb passieren.

5. Das Fleisch von den Keulen lösen und klein schneiden. Inzwischen die Bandnudeln nach Anweisung kochen. Keulen- und Brustfleisch unter die Soße mischen und 5 Minuten köcheln lassen.

6. Die Soße eventuell entfetten. Das Ragout mit den Nudeln anrichten.

Entenbrustfilet
mit Orangen-Cranberry-Soße

Zutaten für 4 Personen:

2 Entenbrustfilets (à ca. 300 g)
Salz, Pfeffer
50 g getrocknete Cranberries
1 Schalotte
1 TL Keimöl, z. B. von Mazola
100 ml Orangensaft
1 TL Hühner-Kraftbouillon, z. B. von Knorr
2 Gewürznelken
½ Zimtstange
3 EL Mondamin Fix Soßenbinder, hell

Zubereitung:

1. Die Entenbrustfilets kalt abwaschen, mit Küchenpapier trocken tupfen, salzen und pfeffern. In einer beschichteten Pfanne ohne Fett auf der Hautseite 3 Minuten braten. Wenden und auf der Fleischseite 1–2 Minuten anbraten.

2. Die Entenbrustfilets aus der Pfanne herausnehmen, nebeneinander und mit der Hautseite nach oben in eine Auflaufform legen. Im vorgeheizten Backofen bei 200° C (Umluft 175° C) 15–20 Minuten garen.

3. Die Cranberries in Wasser einweichen. Schalotte schälen, fein würfeln und in einem Topf in 1 TL Keimöl dünsten. 300 ml Wasser und Orangensaft zufügen. Hühner-Kraftbouillon einrühren und aufkochen. Nelken und Zimt zufügen und bei mittlerer Hitze 10 Minuten köcheln lassen. Soße durch ein Sieb gießen.

4. Den Soßenbinder einrühren und 1 Minute kochen lassen. Abgetropfte Cranberries zufügen und mit Salz und Pfeffer abschmecken. Entenbrust aufschneiden und mit der Soße und Kartoffelknödeln servieren.

Zutaten für 4 Personen:

2 Entenbrüste (à 300 g)
250 g grüne Bohnen
250 g weiße Bohnen (Dose)
2 Tomaten (ca. 200 g)
1 kleine Zwiebel
2 Knoblauchzehen

5 EL Bertolli Essig – Aceto Balsamico
5 EL Bertolli Olivenöl extra vergine – Robusto
Salz
Pfeffer
1 TL getrockneter Salbei

Bohnensalat mit
gebratener Entenbrust

Zubereitung:

1. Die grünen Bohnen putzen, waschen und halbieren. In wenig kochendem Salzwasser ca. 7 Minuten bissfest garen. Herausnehmen und kalt abschrecken. Die weißen Bohnen abtropfen lassen.

2. Die Tomaten kurz mit kochendem Wasser überbrühen, kalt abschrecken und die Haut abziehen. Die Tomaten entkernen und das Fruchtfleisch in Streifen schneiden. Tomaten, grüne und weiße Bohnen mischen.

3. Die Zwiebel und den Knoblauch schälen und fein hacken. Essig, 3 EL Olivenöl, Salz, Pfeffer und Salbei zu einer Salatsoße verrühren. Die Zwiebel und den Knoblauch zufügen, die Vinaigrette über die Salatzutaten geben und alles gut mischen.

4. Die Entenbrüste kalt abwaschen und mit Küchenpapier trocken tupfen. Mit Salz und Pfeffer würzen und im restlichen Olivenöl ca. 10 Minuten bei mittlerer Hitze auf jeder Seite braten.

5. Die Entenbrüste aus der Pfanne nehmen, in Alufolie einwickeln und 2 Minuten ruhen lassen. In Scheiben schneiden und mit dem Bohnensalat anrichten.

Tipp:
Je nach Dicke des Fleisches kann die Bratzeit um einige Minuten variieren.

Gebratene **Ente** mit Apfel-Rosmarin-Füllung

Zubereitung:

1. Die Äpfel schälen, vierteln und das Kerngehäuse entfernen. Die Schalotten schälen und in Spalten schneiden. Den Rosmarin waschen und mit dem und den Schalotten Zitronensaft unter die Äpfel mischen.

2. Die Ente kalt abwaschen, mit Küchenpapier trocken tupfen und innen und außen mit Salz und Pfeffer einreiben. Die Äpfel in die Ente füllen, die Öffnung mit Küchengarn zunähen.

3. Die Ente mit der Brust nach unten auf den Ofenrost legen, die Fettpfanne daruntersetzen und ca. 250 ml Wasser zugießen. Im vorgeheizten Backofen bei 175° C (Umluft 150° C) 45 Minuten braten. Die Ente wenden, ca. 1 ¼ Stunden weiterbraten, eventuell heißes Wasser nachgießen.

4. Für eine knusprige Haut die Ente in den letzten 10 Minuten (bei starker Hitze) mit kaltem Salzwasser bestreichen.

5. Die Ente herausnehmen und warm stellen. Den Bratenfond entfetten. Mit Apfelsaft und eventuell Wasser auf 500 ml auffüllen und aufkochen. Den Inhalt beider Päckchen Soße zu Geflügel einrühren und 1 Minute kochen lassen. Die Soße zur Ente servieren.

Tipp:

Dazu passen Pfanni Knödel mit gebräunten Bröseln und Rotkohl. Sehr dekorativ dazu: gedünstete Apfelhälften mit Preiselbeeren.
Entfetten des Bratenfonds: 2 EL kaltes Wasser zum Bratenfond geben, Fett und Soße trennen sich. Jetzt mit einem flachen Löffel das Fett von der Oberfläche abschöpfen, den Rest mit Küchenkrepp aufsaugen.

Zutaten für 4 Personen:

1 küchenfertige Ente (ca. 2500 g)
350 g Äpfel (z. B. Boskop oder Braeburn)
150 g Schalotten
2 Rosmarinzweige
1 EL Zitronensaft

Salz, Pfeffer
Küchengarn
250 ml Apfelsaft
2 Innenpäckchen Knorr Soße
zu Geflügel (3er-Pack)

Zutaten für 4 Personen:

4 Entenbrustfilets (à 200 g)
1 Packung Pfanni Kartoffel-Knödel-Teig „halb
& halb" (12 Stück)
100 g gehobelte Haselnüsse
Salz
300 g helle, kernlose Trauben
1 Glas eingelegter Kürbis (Abtropfgewicht 300 g)
1 Zwiebel
4 EL Keimöl, z. B. von Mazola
1 Glas Rotkohl (Abtropfgewicht 720 g)
2–3 Nelken

1 Lorbeerblatt
1–2 EL rotes Johannisbeergelee
weißer Pfeffer
60 g Bauchspeck
1 EL Zucker
250 ml Rotwein
250 ml Knorr Hühner-Kraftbouillon
4–5 gestr. EL Mondamin Fix Soßenbinder,
dunkel
3–4 EL Grappa (ital. Tresterbranntwein)

Entenbrust
in Grappa-Traubensoße

Zubereitung:

1. Den Packungsinhalt Kartoffel-Knödel-Teig mit dem Schneebesen in 750 ml Wasser einrühren und 10 Minuten quellen lassen. In der Zwischenzeit die Haselnussscheiben in einer Pfanne ohne Fett goldbraun rösten. Aus dem fertigen Kartoffelteig 12 Knödel formen.

2. Die Knödel in reichlich kochendes, gesalzenes Wasser legen, kurz aufkochen und bei schwacher Hitze 20 Minuten ziehen lassen. Vor dem Servieren die Knödel in den Haselnüssen wälzen.

3. Die Trauben waschen und den abgetropften Kürbis in Würfel schneiden. Die Zwiebel schälen, in kleine Würfel schneiden und in einem Topf in 2 EL heißem Keimöl 2–3 Minuten dünsten.

4. Rotkohl, Nelken und Lorbeerblatt dazugeben und das Ganze mit geschlossenem Deckel bei mittlerer Hitze ca. 10 Minuten garen. Den Kürbis die letzten 5 Minuten mitgaren. Mit Johannisbeergelee, Salz und Pfeffer abschmecken.

5. Die Entenbrustfilets kalt abwaschen, mit Küchenpapier trocken tupfen, salzen, pfeffern und im heißen Bräter im restlichen Keimöl mit der Hautseite nach unten goldbraun anbraten.

6. Die Entenbrustfilets wenden und im vorgeheizten Backofen bei 180° C (Umluft 155° C) in 10–15 Minuten fertig garen. Das Fleisch aus dem Bräter nehmen und warm stellen.

7. Das Bratfett abgießen. Den in Streifen geschnittenen Speck zugeben und knusprig anbraten. Den Zucker einstreuen und karamellisieren lassen. Den Rotwein auf einmal zugießen und etwas einkochen.

8. Die Hühner-Kraftbouillon dazugeben, aufkochen und mit Fix Soßenbinder binden. Mit Grappa, Salz und Pfeffer abschmecken. Die Trauben in der Soße heiß werden lassen. Das Fleisch in Scheiben schneiden und den ausgetretenenBratensaft zur Soße geben.

Fasanenbrust
mit Sauerkraut

Zubereitung:

1. Den Backofen auf 160° C (Umluft 140° C) vorheizen.

2. Jeweils vier Scheiben Frühstücksspeck nebeneinander überlappend auf die Arbeitsfläche legen. Die Fasanenbrustfilets kalt abwaschen und mit Küchenpapier trocken tupfen. Je ein Fasanenbrustfilet auf 4 Speckscheiben legen, damit umwickeln und die Enden mit den Zahnstochern fixieren.

3. Das Olivenöl in einem Bräter erhitzen, die Fasanenbrustfilets darin bei starker Hitze von beiden Seiten scharf anbraten und mit Salz und Pfeffer würzen. Anschließend im heißen Backofen 10–15 Minuten fertig braten.

4. Die Äpfel schälen, vierteln, die Kerngehäuse entfernen und die Apfelviertel in Spalten schneiden. Die Butter mit dem Zucker in einer Pfanne schmelzen, die Apfelspalten dazugeben und goldgelb karamellisieren lassen. Mit dem Cidre ablöschen. Die Lorbeerblätter hinzufügen und kurz mitköcheln lassen.

5. Das Fasskraut nach Packungsanweisung zubereiten.

6. Die Fasanenbrustfilets aus dem Backofen nehmen, in Scheiben schneiden und auf vier Tellern anrichten. Mit dem Fasskraut und den Cidre-Äpfeln servieren.

Tipp:
Reichen Sie dazu Herzoginkartoffeln.

Zutaten für 4 Personen:

4 Fasanenbrustfilets (à ca. 150 g)
16 Scheiben Frühstücksspeck
Zahnstocher
3 EL Olivenöl
Salz
Pfeffer, frisch gemahlen
2 säuerliche Äpfel (z. B. Cox Orange)

2 EL Butter
2 TL Zucker
100 ml Cidre
4 Lorbeerblätter
750 g Fasskraut (aus dem Glas),
z. B. von Kühne

Zutaten für 4 Personen:

2 Fasanenbrüste (ca. 150 g)
500 g breite Bandnudeln, z. B.
Genießer-Nudeln von Birkel
1 TL Olivenöl
300 g Pfifferlinge
300 g Steinpilze

2 Zwiebeln
2 Knoblauchzehen
frischer Thymian
frischer Rosmarin
10 EL Olivenöl
4 cl Weinbrand

400 ml süße Sahne
100 g Crème fraîche
Salz
Pfeffer
Kerbel
etwas geriebener Bergkäse

Fasanenbruststreifen

in Steinpilz-Pfifferling-Soße

Zubereitung:

1. Die breiten Bandnudeln in Salzwasser mit 1 TL Olivenöl nach Packungsanweisung kochen, anschließend abgießen und abschrecken.

2. Inzwischen die Fasanenbrüste kalt abwaschen und mit Küchenpapier trocken tupfen. Die Pfifferlinge und die Steinpilze mit einem Pilz- oder Kuchenpinsel säubern. Nicht waschen, da sie sich schnell mit Wasser vollsaugen und an Geschmack verlieren! Die Stielenden abschneiden und die Pilze je nach Größe vierteln und halbieren. Die Zwiebeln und die Knoblauchzehen schälen und würfeln.

3. Den Thymian und den Rosmarin waschen und fein hacken. In einem breiten Topf 6 EL Olivenöl erhitzen, die Zwiebel- und Knob-lauchstücke darin andünsten.

4. Die Pilze und die frischen Kräuter zugeben, etwa 2–3 Minuten durchschwenken. Mit Weinbrand ablöschen und flambieren. Die Sahne angießen, die Soße mit Salz und Pfeffer pikant abschmecken und 5 Minuten köcheln lassen.

5. Den Topf vom Herd nehmen und die Crème fraîche einrühren. In einer Pfanne 4 EL Olivenöl erhitzen. Die Fasanenbrüste salzen und pfeffern, zuerst mit der Fleischseite in die Pfanne legen und 1 Minute braten.

6. Das Fleisch wenden und weitere 2–3 Minuten braten. Die Nudeln auf 4 Tellern anrichten und mit der Soße übergießen.

7. Die Fasanenbrüste in Scheiben schneiden und dekorativ auf die Nudeln legen. Mit Kerbel und geriebenem Bergkäse garnieren und servieren.

Zutaten für 6 Personen:

900 g Wachtelbrüstchen (18 Stück)
1 kleiner roter Eichblattsalat
400 g braune Champignons
2 EL Aceto balsamico
3 EL Walnussöl
7 EL Olivenöl
1 EL Johannisbeergelee

Salz
Pfeffer
Zucker
1 Knoblauchzehe
50 g Pinienkerne
1 Henkel grüne Trauben
2 EL Schnittlauchröllchen

Wachtelbrüstchen
auf Salatbett

Zubereitung:

1. Den Salat waschen, in mundgerechte Stücke zupfen und abtropfen lassen. Die Champignons mit einem Pilz- oder Kuchenpinsel säubern. Nicht waschen, da sie sich schnell mit Wasser vollsaugen und an Geschmack verlieren! Die Stielenden abschneiden und die Pilze in Scheiben schneiden.

2. Für die Vinaigrette dem Aceto balsamico mit Walnuss- und Olivenöl verquirlen. Das Gelee durch ein Sieb dazupassieren. Mit Salz, Pfeffer und Zucker abschmecken.

3. Die Knoblauchzehe schälen, halbieren und eine Pfanne damit ausreiben. 2 EL Olivenöl darin erhitzen. Die Champignons im Öl goldbraun braten. Mit Salz und Pfeffer würzen.

4. Die Pinienkerne in eine Pfanne geben und darin rösten, damit sie ihr Aroma entfalten. Dabei immer wieder schwenken. Wenn die Pinienkerne eine schöne goldbraune Farbe haben, sofort auf ein Stück Küchenpapier geben, sonst rösten sie in der heißen Pfanne nach und werden schnell schwarz.

5. Die Wachtelbrüstchen kalt abwaschen, mit Küchenpapier trocken tupfen, salzen und pfeffern. 2 EL Olivenöl erhitzen und das Fleisch von jeder Seite 3 Minuten braten.

6. Die Wachtelbrüstchen herausnehmen und mit Alufolie abdecken. Den Salat mit der Vinaigrette in einer Schüssel mischen. Die Pilze und Wachtelbrüstchen auf einem Salatbett anrichten. Mit den Trauben, Pinienkernen und Schnittlauchröllchen dekorieren.

Tipp:
Dazu schmeckt Baguette.

Wildes Schlemmer-
Baguette

Zubereitung:

1. Den Rucola putzen und waschen.
   Die Trauben gründlich waschen und
   abzupfen.

2. Das Baguette in Scheiben schneiden.
   5 EL Olivenöl in einer Pfanne erhitzen
   und die Baguettescheiben von beiden
   Seiten kurz darin anbraten.

3. Die Wachtelbrüstchen kalt waschen,
   mit Küchenpapier trocken tupfen, salzen und pfeffern. 2 EL Olivenöl erhitzen und das Fleisch von jeder Seite
   3 Minuten braten.

4. Die Baguettescheiben auf eine Platte
   legen, mit reichlich Ruccola und je
   einem Wachtelbrüstchen belegen. Mit
   den Trauben und einem Klecks Sauce
   béarnaise ausgarnieren.

Tipp:

Für eine Sauce béarnaise eine Schalotte fein hacken und in einem Topf
4 EL Weißweinessig erhitzen. Schalotte, je 2 Estragon- und Kerbelstiele
hinzufügen und auf die Menge eines
Esslöffels einkochen lassen. Alles
durchseihen und abkühlen lassen.
Nach dem Abkühlen wieder zurück
in den Topf geben und erneut erhitzen. 2 Eigelbe hinzufügen, mit einem
Schneebesen aufschlagen und dabei
langsam erhitzen. Ist die Masse
schaumig und weißlich, nach und
nach 250 g Butter hinzufügen. Zum
Schluss gehackte Estragon- und
Kerbelblättchen untermischen und
mit Salz und Pfeffer abschmecken.

Zutaten für 4 Personen:

ca. 600 g Wachtelbrüstchen (12 Stück)
1 Baguette
1 Bund Rucola
1 Henkel blaue Trauben

7 EL Olivenöl
Salz
Pfeffer
125 ml Sauce béarnaise

Gebratene **Rebhuhnbrust**
mit Brunnenkressesalat

Zutaten für 4 Personen:

4 ausgelöste Rebhuhnbrustfilets
2 Blatt weiße Gelatine
2 Tomaten, 2 Schalotten
4 EL Pflanzenöl, 1 Lorbeerblatt
250 ml Geflügelfond (Glas), 6–7 EL Weißweinessig
Salz, Pfeffer, frisch gemahlen
4 EL weißer Portwein, Zucker, ½ TL Dijon-Senf
2–3 EL Pflanzencreme, z. B. Rama Culinesse
1 Bund Brunnenkresse, 1 Kopf Friséesalat

Zubereitung:

1. Die Gelatine in kaltem Wasser einweichen. Eine Tomate heiß überbrühen und häuten. Den Stielansatz und die Kerne entkernen und das Fruchtfleisch fein würfeln. Die Schalotten schälen und sehr fein würfeln.

2. 1 EL Pflanzenöl erhitzen und die Schalotten darin glasig dünsten. Tomatenwürfel und Lorbeerblatt dazugeben. Mit dem Fond und 3–4 EL Essig ablöschen, würzen und bei starker Hitze 1 Minute einkochen.

3. Das Lorbeerblatt entfernen. Den Fond etwas abkühlen lassen, mit Portwein und Zucker aromatisieren und die abgetropfte Gelatine darin unter Rühren auflösen. Den Fond in eine Schale umfüllen und im Kühlschrank fest werden lassen.

4. Für das Dressing die übrige Tomate waschen, Den Stielansatz und die Kerne entfernen und das Fruchtfleisch sehr fein würfeln. 3 EL Essig, 1 Prise Zucker, Senf, Salz und Pfeffer mit den Tomatenwürfeln verrühren. Das restliche Pflanzenöl unterrühren.

5. Die Rebhuhnbrustfilets kalt abwaschen und mit Küchenpapier trocken tupfen. Die Pflanzencreme in einer Pfanne erhitzen, die Filets darin unter Wenden ca. 8–10 Minuten braten und mit Salz und Pfeffer würzen.

6. Die Brunnenkresse und den Frisée verlesen, waschen und trocken schütteln. Die Salatblätter auf vier Teller verteilen.

7. Die Filets herausnehmen, lauwarm abkühlen lassen, in Scheiben schneiden und auf dem Salat anrichten. Das Tomatendressing über den Salat und das Fleisch träufeln.

8. Das Gelee mit einem kleinen Schneebesen durchrühren oder fein würfeln und mit dem Filet anrichten.

Rebhuhn mit Ratatouille

Zutaten für 3 Personen:

1 Rebhuhn (ca. 1300 g)
Salz
Pfeffer
2 EL Keimöl, z. B. von Mazola
1–2 TL Hühner-Kraftbouillon, z. B. von Knorr
Schale von 1 unbehandelten Zitrone
je 1 rote, gelbe und grüne Paprikaschote
1–2 Knoblauchzehen
2 EL Olivenöl, 1 Beutel Knorr Fix für Ratatouille
Thymian

Zubereitung:

1. Das Rebhuhn kalt abwaschen, mit Küchenpapier trocken tupfen, in Stücke teilen und dabei die Haut nach Belieben entfernen. Das Fleisch salzen und pfeffern. Im heißen Keimöl in einem Bräter goldgelb anbraten.

2. 250 ml Wasser, Hühner-Kraftbouillon und abgeriebene Zitronenschale hinzufügen. Zugedeckt bei schwacher Hitze 50–60 Minuten schmoren lassen.

3. Inzwischen die Paprikaschoten halbieren, entkernen, waschen und in Würfel schneiden. Die Knoblauchzehen schälen und würfeln. Beides in 1 EL heißem Olivenöl andünsten.

4. 250 ml Wasser zum Gemüse geben und den Beutelinhalt Fix für Ratatouille einrühren. Bei schwacher Hitze ca. 15 Minuten garen, dabei gelegentlich umrühren. Restliches Olivenöl einrühren. Das Ratatouille mit dem Rebhuhn anrichten und mit Thymian garnieren.

Zutaten für 4 Personen:

1 küchenfertiges Truthuhn, ca. 1500 g
Salz
Pfeffer
1 EL Öl
200 g Schalotten
140 ml Weißwein
200 ml Geflügelfond
½ Bund Salbei
1 ½ EL Butter
Küchengarn oder Rouladennadeln

Für die Füllung:

320 g TK-Blattspinat
½ Zwiebel
1 ½ Knoblauchzehen
1 TL Butter
80 g Frischkäse
40 g Allgäuer Bergkäse, gerieben
60 g Paniermehl
1 Ei
Salz
Pfeffer
Muskatnuss

Truthuhn mit
Spinat-Frischkäse-Füllung

Zubereitung:

1. Den Blattspinat auftauen. Das Truthuhn kalt abwaschen, mit Küchenpapier trocken tupfen und große Fettstücke aus der Bauchhöhle entfernen. Das Truthuhn innen und außen mit Salz und Pfeffer würzen.

2. Den aufgetauten Blattspinat sehr fest in Küchenkrepp auspressen, sodass möglichst das gesamte überschüssige Wasser ausgedrückt wird. Den Spinat grob hacken.

3. Den Backofen auf 180° C (Umluft 160° C) vorheizen. Dabei die Fettpfanne des Ofens auf der untersten Schiene miterhitzen. Die Zwiebel und den Knoblauch schälen, fein schneiden und in der Butter 3–4 Minuten glasig dünsten. Vom Herd nehmen und kurz abkühlen lassen.

4. Spinat, Zwiebelmischung, Frischkäse, Bergkäse und Paniermehl mit dem Ei vermengen und mit Salz, Pfeffer und Muskat kräftig abschmecken. Die Spinatfüllung in die Bauchhöhle des Truthuhns geben und die Öffnung mit Küchengarn oder Rouladennadeln verschließen.

5. Das Öl in die Fettpfanne im Backofen geben und das Truthuhn darin auf einer Keulenseite 20 Minuten braten. Danach auf die andere Seite legen und weitere 20 Minuten braten.

6. Die Schalotten schälen, je nach Größe halbieren und in die Fettpfanne dazugeben. Das Truthuhn nochmals ca. 1 Stunde braten, dabei nach und nach zuerst den Weißwein, danach den Geflügelfond angießen.

7. Die Ofentemperatur auf 200° C (Umluft 180° C) erhöhen und das Truthuhn ca. 20 Minuten fertig garen, damit auch die Brust schön braun wird. Falls die Unterschenkel zu dunkel werden, mit etwas Alufolie abdecken. Das Truthuhn ist gar, wenn beim Einstechen der Keulen klarer Saft herausläuft und das Fleisch der Keulen sich dabei weich anfühlt. Das fertige Truthuhn aus dem Ofen nehmen und auf einer Servierplatte 10 Minuten ruhen lassen.

8. Den Salbei waschen, trocken schütteln und die Blätter von den Stielen zupfen. Die Butter in einer Pfanne zerlassen, die Salbeiblätter darin knusprig braten, auf Küchenkrepp abtropfen lassen und leicht salzen. Das Truthuhn mit den Salbeiblättern garnieren und mit der Soße und den Schalotten servieren.

Tipp:
Reichen Sie dazu glasierte Esskastanien oder ein Süßkartoffelgratin.

Register

© 2010 design cat GmbH

Genehmigte Lizenzausgabe
EDITION XXL GmbH
Fränkisch-Crumbach 2012
www.edition-xxl.de

Idee und Projektleitung: Sonja Sammüller
Layout, Satz und Umschlaggestaltung:
design cat GmbH

ISBN (13) 978-3-89736-155-3
ISBN (10)   3-89736-155-8

Bildnachweis

Wir danken folgenden Firmen für ihre freundliche Unterstützung:
Almond Board of California 24
G. Poggenpohl, Wismar 40
Landesvereinigung der Bayerischen Milchwirtschaft 82–83
Meggle 50
Peter Kölln KGaA, Elmshorn 30–31, 44, 80
The Food Professionals Köhnen AG, Sprockhövel
– Fuchs 20, 21, 22–23, 52–53, 60
– Henglein 16–17, 39
– Kühne 72–73
Unilever Deutschland GmbH, Hamburg
– Bertolli 45, 58–59, 66–67
– Knorr 18–19, 34–35, 51, 56–57, 61, 68–69, 81
– Mondamin 15, 38, 65
– Pfanni 46–47, 70–71
Wirths PR GmbH, Fischach
– Birkel 64, 74–75
– www.1000rezepte.de 36–37
– www.weihnachtsmenue.de 32–33, 48